Wandern in der Eifel

Nördlicher Teil und Hohes Venn

Hans-Joachim Schneider

DUMONT aktiv

Inhalt

Wandern in der Nordeifel 6

Der Nationalpark Eifel 8

Die Wälder der Eifel 10

Windpark Eifel 12

»Esst mehr Biber!« 14

Tour 1 Geheimnisvolle Ruinen im Wald – Von Schevenhütte durch den Meroder Wald (3.45 Std.; einfach) 16

Tour 2 Stiller Forst am Brandenburger Tor – Vom Brandenburger Tor zur Wehebachtalsperre (4.30 Std.; einfach) 22

Tour 3 Wasser für Aachen – Von Zweifall zur Dreilägerbachtalsperre (6 Std.; mittelschwer) 26

Tour 4 Rund um das Tal der Vicht – Von Friesenrath zur Dreilägerbachtalsperre (4 Std.; mittelschwer) 31

Tour 5 Felsen und eine mächtige Burg – Von Nideggen nach Abenden und über Brück zurück (2.30 Std.; mittelschwer) 35

Tour 6 Wo einst der Kaiser ruhte – Kleine Vennwanderung bei Mützenich (3 Std.; einfach) 40

Tour 7 Wasser für Eupen – Rund um die Wesertalsperre (5 Std.; mittelschwer) 44

Tour 8 Abenteuer am Rande des Venns – Vom Naturschutzzentrum zum Wasserfall des Bayehon-Flusses (3 Std.; mittelschwer) 48

Tour 9 Die Schönheit des Venns – Von Baraque Michel entlang der Hill (4 Std.; einfach) 51

Tour 10 Das Kreuz der Verlobten – Von Botrange über Les Wes ins Polleur-Venn (3.30 Std.; einfach) 56

Tour 11 Eifelperlen – Durch das Tal des Perlenbaches (3 Std.; einfach) 59

Tour 12 Endlose Wälder im Nationalpark Vom Parkplatz Wahlerscheid zum Wüstebach (4 Std.; mittelschwer) 62

Tour 13 Ein Nationalpark ohne Wald? Über die Dreiborner Hochfläche (3 Std.; einfach) 66

Tour 14 Ins Herz des Nationalparks – Von Gemünd durch den Kermeter und den Olefer Kirchwald (4.30 Std.; mittelschwer) 70

Tour 15 Zur Eifelbasilika – Von Kall zum Kloster Steinfeld (4 Std.; mittelschwer) 74

Tour 16 Bleibergwerk und Römerbauten – Von Mechernich nach Breitenbenden und Bergheim (4.30 Std.; mittelschwer) 78

Tour 17 Neandertaler und Römer – Von der Kakushöhle bei Eiserfey zum Aquädukt bei Vussem (4.30 Std.; mittelschwer) 82

Tour 18 Ökogemeinde Nettersheim – Schönheiten rund um Nettersheim (5 Std.; mittelschwer) 87

Tour 19 Römer, Römer, Römer ... – Rund um Nettersheim (4.30 Std.; mittelschwer) 92

Tour 20 Über Berg und Tal – Von Schleiden nach Dreiborn und über die Olefer Hardt zurück (4 Std.; mittelschwer) 97

Tour 21 Von Burg zu Burg – Von Reifferscheid nach Wildenburg (4.30 Std.; mittelschwer) 100

Tour 22 Im Rescheider Bleirevier – Von Rescheid durch den Kronenburger Wald (3 Std.; mittelschwer) 104

Tour 23 Vergangene Berühmtheiten – Kronenburg und das obere Kylltal (3.30 Std.; einfach) 107

Tour 24 Feuer und Eisen – Von Jünkerath zum Kreuzberg (3 Std.; einfach) 111

Tour 25 Eifelschönheiten – Von Mirbach durch das Lampertstal nach Alendorf und zurück (3 Std.; einfach) 114

Tour 26 Traumhaft schöne Eifel – Von Alendorf durchs Lampertstal (2.30 Std.; einfach) 119

Tour 27 Wasser und Brot – Von Blankenheim nach Nonnenbach und weiter über den Brotpfad (4 Std.; einfach) 122

Tour 28 Über die Hochfläche – Von Blankenheim-Wald nach Dahlem (3 Std.; einfach) 126

Tour 29 Stetes Auf und Ab – Von der Erftquelle über Roderath nach Schönau (4 Std.; mittelschwer) 130

Tour 30 Auf historischen Pfaden – Rund um Bad Münstereifel (2.30 Std.; einfach) 134

Tour 31 Kelten, Römer und eine Motte – Zwischen Kreuzweingarten und Iversheim (4.30 Std.; mittelschwer) 137

Tour 32 Am Rande des Vorgebirges –
Von Rheinbach zu den ersten Eifelhöhen
(3.30 Std.; einfach) 141

Tour 33 Wunderwerk der Technik –
Von Houverath zum Effelsberger Radioteleskop
(3 Std.; einfach) 144

Tour 34 Ein markanter Geselle –
Von Wershofen nach Aremberg
(5 Std.; mittelschwer) 147

Tour 35 Fast alpine Ausblicke –
Von Mayschoß zum Steinerberghaus
(3 Std.; einfach) 151

Register 154

Abbildungsnachweis/Impressum 156

Bitte schreiben Sie uns, wenn sich etwas geändert hat!
Alle in diesem Buch enthaltenen Angaben wurden vom Autor nach bestem Wissen erstellt und von ihm und dem Verlag mit größtmöglicher Sorgfalt überprüft. Gleichwohl sind – wie wir im Sinne des Produkthaftungsrechts betonen müssen – inhaltliche Fehler nicht vollständig auszuschließen. Daher erfolgen die Angaben ohne jegliche Verpflichtung oder Garantie des Verlages oder des Autors. Beide übernehmen keinerlei Verantwortung und Haftung für etwaige inhaltliche Unstimmigkeiten. Wir bitten dafür um Verständnis und werden Korrekturhinweise gerne aufgreifen:

DuMont Reiseverlag, Postfach 3151, 73751 Ostfildern
E-Mail: info@dumontreise.de
Internet: www.dumontreise.de

Wandern in der Nordeifel

Wandersaison

In der Eifel kann man zu jeder Zeit wandern. Die schönsten Monate sind April bis Juni, wenn es nicht zu heiß ist und die Natur in voller Blüte steht. Sehr schön ist aber auch der Oktober, wenn das Laub sich färbt. Für Wanderungen im Hohen Venn gibt es aus Gründen des Naturschutzes zeitweilige Beschränkungen. Wer den weiten Weg nicht vergebens machen will, sollte sich vorher erkundigen. Die Beschränkungen beziehen sich in der Regel aber nur auf die Kernzone, sodass man sich im schlimmsten Fall mit einer Tour am Rande des Venns zufriedengeben kann. Informationen über Sperrzeiten und geschützte Zonen gibt es (auch in Deutsch) unter der Telefonnummer 0032–(0)80–44 72 72.

Anspruch

In der Rubrik »Die Wanderung in Kürze« wird jeweils darauf hingewiesen, ob es sich um eine einfache (+), eine mittelschwere (++) oder eine anspruchsvolle (+++) Tour handelt. Immer handelt es sich um Tages- oder Halbtagstouren. Technisch wirklich anspruchsvolle Touren kommen in der Eifel aber nicht vor, lediglich die Länge einiger weniger Touren stellt Ansprüche an die Kondition der Wanderer.

Gehzeiten

Alle in diesem Wanderführer angeführten Zeiten verstehen sich als reine Gehzeiten. Rechnen Sie bei der Planung einer Tour für Pausen und Fotostopps noch etwa ein Viertel der Zeit hinzu. Auch unvorhergesehene Ereignisse, z.B. ein Wetterumschwung, können die Wanderzeit erheblich verlängern.

Wege und Markierungen

Es gibt viele Wanderwege in der Eifel, und alle tragen ihre eigenen Markierungen. Neben den örtlichen

Wanderwegen, die oft von den Kommunen unterhalten und gepflegt werden, gibt es noch das riesengroße Netz der Wege, die vom Eifelverein und seinen Ortsverbänden betreut und in Schuss gehalten werden. Entsprechend groß ist auch die Zahl der Markierungen, die gerade in der Nähe touristisch beliebter Orte zu einiger Verwirrung führen können. An manchen Wegkreuzungen kann man auf bis zu zwanzig verschiedene Markierungen treffen, weshalb in diesem Führer weitgehend auf die Angabe von Markierungen verzichtet wird. Nur da, wo sie eine zusätzliche Hilfe zur Orientierung darstellen, werden sie erwähnt.

Ausrüstung

Feste, gut eingelaufene Wanderstiefel sind für alle Touren ratsam. Nicht unbedingt nötig, aber doch eine Hilfe für alle, die mit Knie- oder Hüftproblemen zu kämpfen haben, sind Teleskopstöcke. Im Frühjahr und Herbst gehört auch eine Regen- oder Windjacke in den Tagesrucksack. Trinkwasser und Proviant sollten im Rucksack ebenfalls nicht fehlen, da unterwegs vielfach keine Einkehrmöglichkeit besteht.

Wanderkarten

Für die Eifel empfehlen sich die speziell für Wanderer konzipierten Karten des Eifelvereins. Sie sind in der Regel im Maßstab 1:25 000 angelegt und decken alle Regionen der Eifel ab. Karten, die auch den Bereich des Nationalparks Eifel berühren, müssen nach der Verabschiedung eines verbindlichen Wegeplans für den Nationalpark (Anfang 2007) neu erstellt werden und erscheinen voraussichtlich im 2. Halbjahr 2007.

Mit Bus und Bahn

Leider sind nur wenige Touren in der Eifel ohne größeren Zeitaufwand mit öffentlichen Verkehrsmitteln erreichbar. Einzelne Touren beginnen an Bahnhöfen entlang der Bahnstrecke Köln–Trier. Alle Touren, die bei der Anreise eine Kombination von Bahn und Bus erforderlich machen, sind sehr zeitaufwendig. Viele Touren sind nur bei der Anreise mit dem Auto sinnvoll.

SYMBOLE IN DEN KARTEN

- Gasthaus
- Schutzhütte, Unterstand (unbewirtschaftet)
- Kirche
- Kapelle
- Archäologische Stätte
- Denkmal, Monument
- Mühle
- Wegkreuz, Gipfelkreuz
- Rastplatz
- Höhle
- Wasserfall
- Quelle
- Hervorragender Laubbaum
- Schiffsanlegestelle
- Sendemast

Der Nationalpark Eifel

Seit dem 1. Januar 2004 gibt es ihn, den Nationalpark Eifel. Er ist Teil des Deutsch-Belgischen Naturparks Eifel-Hohes Venn. Während der Naturpark sich mit einer Gesamtfläche von 2 500 km² über Teile von Nordrhein-Westfalen, Rheinland-Pfalz und Belgien erstreckt, umfasst der Nationalpark Eifel etwa 10 700 ha (107 km²), stellt also nur einen kleinen Ausschnitt des Naturparks dar. Ziele des Naturparks sind im weitesten Sinne Naturschutz, Landschaftspflege sowie der Erhalt des für die Region typischen ländlichen Raumes. Der Nationalpark ist in seiner Zielsetzung strenger, aber auch gleichzeitig umfassender definiert: Erklärtes oberstes Ziel des Naturparks Eifel ist es, »die Natur wieder Natur sein zu lassen«, das heißt, die gesamte Natur steht unter strengem Schutz.

Dabei gehen die Initiatoren und Gründer von einem ganz bestimmten Bild der Natur in der Eifel aus: Man möchte, dass sich im Nationalpark wieder die Buchen-Urwälder entwickeln, die einst weite Teile Mitteleuropas bedeckten. Dazu reicht es aber nicht, die Natur Natur sein zu lassen. Der Mensch, in diesem Fall also die Forstbehörde, muss regulierend eingreifen. Es ist zweifelhaft, ob die Natur – ganz sich selbst überlassen – diese alte Vegetationsform wieder hervorbringen könnte. Zwar wird im Nationalpark (weitgehend) auf die forstwirtschaftliche Nutzung verzichtet und absterbende Bäume werden nicht gefällt, sondern fallen einfach um, wenn ihre Zeit gekommen ist, sodass ihr totes Holz Bestandteil des natürlichen Kreislaufes bleibt. Aber noch herrscht in vielen Bereichen der Fichtenwald vor, so dass man auch viele Buchensetzlinge ausbringen müssen wird. Der Nationalpark muss also erst noch werden, was er einmal sein soll. Und das wird noch einige Jahrzehnte dauern. Aber nicht nur die Buche soll im Nationalpark geschützt und gefördert werden. Es gibt Hunderte von gefährdeten Pflanzenarten, die im Nationalpark ihre Rückzugsgebiete finden. Auch Biber, Wildkatze und andere selten gewordenen Tierarten dürfen sich hier wieder heimisch fühlen.

Der umfassende Schutzgedanke lässt sich natürlich nur durch besondere Maßnahmen verwirklichen: So ist der Nationalpark ab 2007 nicht mehr frei zugänglich. Die in diesem Buch beschriebenen Wanderungen im Nationalpark Eifel beruhen auf einem vorläufigen Wegeplan. Über die Gültigkeit dieses Wegeplans wird erst Anfang 2007 entschieden. Schlimmstenfalls sind die beschriebenen Touren 12, 13, 14 dann nicht mehr begehbar. Bitte erkundigen Sie sich deshalb ab Januar 2007 bei der Nationalparkverwaltung, welche Wege eventuell gesperrt wurden.

Wer sich individuelle Touren zusammenstellen möchte, muss sich ebenfalls an den dann verbindlichen Wegeplan halten. Ein Abweichen von den freigegebenen Wegen kann empfindliche Strafen nach sich ziehen. Infomaterial erhalten Sie auf der Website der Nationalparkverwaltung. Verbindliche Wanderkarten des Eifelvereins oder des Landesvermessungsamtes werden wahrscheinlich erst in der zweiten Hälfte 2007 erscheinen.

Nicht zuletzt soll der Nationalpark auch das ›Erlebnis Natur‹ fördern. Man weiß aus anderen Regionen, dass Nationalparks wahre Besuchermagneten sein können. Und auch in der Eifel sind seit Bestehen des Nationalparks die Touristenzahlen nach Jahren der Stagnation wieder angestiegen.

Damit aber der Besucherstrom kanalisiert werden kann, mussten Menschen ausgebildet werden, die die Besuchergruppen durch den Park führen und gezielt informieren. Es sind speziell geschulte Forstwirte – hier nennt man sie neudeutsch ›Ranger‹ –, und als Kennzeichen tragen sie einen Hut, den man von den kanadischen Mountys kennt. Die Natur- und Landschaftpfleger leiten nicht nur themenbezogene Führungen, zu ihren Aufgaben gehört es auch, die Bestände der schützenswerten Arten zu kartieren.

Der Park erstreckt sich von Nideggen im Norden über das gesamte Gebiet des Rurstausees bis hin zur Oleftalsperre im Süden. Einen beträchtlichen Teil des Nationalparks nahm bis Ende 2004 der ehemalige belgische Truppenübungsplatz Vogelsang ein. In Teilen des ehemals militärisch genutzten Bereichs konnte sich schon in den vergangenen mehr als fünfzig Jahren die Natur ungestört entwickeln. Deshalb soll das Gelände in Zukunft Herz- und Kernstück des Nationalparks werden.

Infos zum Nationalpark unter: **www.nationalpark-eifel.de** oder **www.nationalpark-eifel.nrw.de**
E-Mail: **info@nationalpark-eifel.de**

Die Wälder der Eifel

Wir wissen schon aus Berichten aus der Römerzeit, dass Germanien seinerzeit weitgehend von Wäldern bedeckt war. Einigen Historikern zufolge sollen es vor allem Eichenmischwälder gewesen sein, die das Land bedeckten, andere führen Buchen als die am meisten verbreitete Baumart ab etwa dem 4. vorchristlichen Jahrtausend an. Aber schon vor der Römerzeit, nämlich spätestens zu dem Zeitpunkt, als sich die Jäger und Sammler als Bauern sesshaft niederließen, begann auch die Geschichte der Walddezimierung durch Rodung. Waren die ersten Rodungseingriffe in der Eifel noch auf die klimatisch begünstigten, weil tiefer gelegenen Randgebiete beschränkt, so änderte sich das spätestens, als die Römer die linksrheinischen Teile Germaniens besetzten.

Zwar bauten diese ihre Häuser am liebsten aus Stein, aber Holz wurde doch allenthalben benötigt: für Möbel, als Stützen für die Rebstöcke, die die Römer in der germanischen Provinz heimisch gemacht hatten, besonders aber für den Bau des Limes. Im Umkreis der von den Römern gegründeten Städte wurde bald das Holz knapp.

Neben den Römern waren es aber auch schon die Germanen, die mit ihren Siedlungsplätzen tiefer in die Wälder eindrangen. Sie trieben darüber hinaus ihr Vieh in die Wälder, um es dort zu weiden. Dieses durchwühlte den Boden und fraß (fast) alles, was aus dem Waldboden spross.

Bedenklich für die Eifelwälder – und nicht nur für diese – wurde es allerdings, als auch im nachrömischen Germanien immer größere

Siedlungen entstanden, für die das gesamte Bauholz aus den Wäldern geholt wurde. So soll schließlich etwa um 1250 die von Wald bedeckte Fläche in Europa auf 30 % seiner ursprünglichen Fläche zusammengeschrumpft gewesen sein, was etwa dem heutigen Stand entspricht.

Aber es sollte noch weitaus schlimmer kommen. Die etwa seit dem 16. Jh. aufblühende Industrie brauchte Eisen, und die Eisen erzeugende Industrie brauchte Unmengen Holz. Zunächst waren die Standorte der Eisenhütten auf die Flussläufe beschränkt, aber schon zu dieser Zeit drangen die Köhler immer tiefer in die Wälder ein, wo sie vorwiegend Hain- und Rotbuchen fällten, um sie in ihren Meilern zu Holzkohle zu verarbeiten. Diese verbrennt mit höherer Temperatur als normales Holz und heizt somit die Schmelzöfen besser. Später zog die Eisenindustrie den Köhlern hinterher, die wiederum immer tiefer in die Wälder der Eifel eindrangen.

Fast überall in der Nordeifel finden wir Hinweise auf historische Eisenindustrie und somit auch auf Köhlerei. So waren Schleiden und Gemünd Zentren der Eisenindustrie (Wanderung auf dem historischen Köhlerweg, s. Tour 14). Interessant ist der Besuch von Schaumeilern etwa bei Simonskall, vielleicht sogar zum Anlass eines Köhlerfestes. Oder wie wäre es mit einem Besuch im Eisenmuseum Jünkerath?

So kam es, dass mit dem ausgehenden 19. Jh. die Eifelhöhen fast völlig kahl geschlagen waren. Nur noch Gebüsch und Heidekraut wuchsen auf dem kargen Land, auf dem nun vorwiegend Schafe geweidet wurden. Durch diese Nutzung erfuhr die Eifellandschaft ein ganz besonderes Gepräge, wie wir es heute noch in den Naturschutzgebieten der Wacholderheide studieren können, etwa bei Alendorf südlich von Blankenheim. Die Schafe ließen nur die harten Gewächse wie Ginster – wegen der Leuchtkraft seiner Blüten auch Eifelgold genannt – und Wacholder unangetastet.

Es war schließlich die preußische Verwaltung, die den Notstand erkannte und große Flächen mit der schnellwüchsigen Fichte aufforstete. Etwa zwei Drittel des heutigen Eifelwaldes sollen aus Nadelwald bestehen; zur Fichte kam später die noch schneller wachsende Douglasie hinzu. Heute gibt es wieder große zusammenhängende Waldgebiete in der Eifel, wie etwa den Kermeter, zurzeit eines der größten zusammenhängenden Buchenwaldareale der Nordeifel, oder den Hürtgenwald, in dem man stundenlang wandern kann, ohne einer einzigen Menschenseele zu begegnen. Besuchenswert ist natürlich auch der Nationalpark Eifel, in dem wieder Buchen-Urwald entstehen soll, wie er vor Jahrhunderten die Waldflächen Mitteleuropas beherrscht hat (s. S. 9). Weitere Waldformen, die man sich einmal ansehen sollte, sind der große Eichenwald bei Kreuzweingarten (Tour 31) sowie der für die Eifel eher untypische Pappelwald in der Nähe von Kallmuth (Tour 17).

Windpark Eifel

Wer bei einigermaßen klarem Wetter durch die Eifel wandert, kennt das Bild: Auf fast jeder Höhe drehen sich Windräder, fast jede Horizontlinie wird durch eines oder mehrere Windräder durchbrochen. Als Industriedenkmäler der neuesten Generation dominieren sie mittlerweile das Blickfeld von fast jedem Aussichtspunkt der Eifel.

Politisch korrekt, stehen sie landauf, landab auf den Höhen. Politisch gewollt und mit Steuermitteln gefördert, als Alternative zu Atomkraftwerken von Rot-Grün und ökologisch orientierten Bewegungen hochgelobt, werden immer mehr von ihnen gebaut. Ganze Windparks – denn heute wird kein Investor mehr ein einzelnes Windrad aufstellen – speisen ihren Strom in die öffentlichen Netze. Menschen, die mit reinem Gewissen ihr Geld anlegen wollen, mehren ihr Vermögen durch Grüne oder Ethik-Fonds, die oft auch Windenergieanteile halten – sicher sind sie zudem, weil staatlich subventioniert. Da muss doch jedem umweltbewussten Naturfreund das Herz höher schlagen!?

Doch mittlerweile regt sich massiver Widerstand. Selbst der sonst eher ruhige Eifelverein hat sich in die Front der Windkraftgegner eingereiht und bezieht vehement Stellung gegen die weitere Ausbreitung von Windrädern in der Eifel. Gutachten, vom Eifelverein bei renommierten Wissenschaftlern in Auftrag gegeben, konstatieren die verheerende Beeinträchtigung des Landschaftsbildes. Immer wieder findet sich der Hinweis, dass alle Windräder in der Eifel bisher kein einziges klassisches Kohle- oder Atomkraftwerk überflüssig gemacht haben. Immer breiter wird die Front gegen die einst naturnahe Idee, den Wind als unerschöpfliche Energieressource einzusetzen. Allein, solange es Gemeinden gibt, die den kurzfristigen Gewinn aus dem Verkauf eines Grundstücks über alle landschaftsplanerischen Überlegungen stellen, wird weiter gebaut, wenn auch nicht mehr so intensiv wie noch vor einigen Jahren.

Neben der landschaftszerstörenden Wirkung gibt es noch eine Reihe weiterer Gründe, weshalb Anwohner gegen den Bau von Windkraftanlagen in ihrer Nachbarschaft zu Felde ziehen. So herrscht bei allen im Betrieb befindlichen Anlagen ein permanentes surrendes Rauschen, das manch ein Anwohner auf Dauer nicht ertragen kann. Subtiler noch wirkt der von den Anlagen ausgehende Infraschall, der unterhalb der Wahrnehmungsschwelle des menschlichen Gehörs liegt, aber trotzdem störend und schädlich auf Körper und Psyche wirkt. Landwirte melden, dass Kühe oder Pferde, die auf der Wiese im Schatten von Windrädern weiden, nervös auf den sich ständig drehenden Schatten des Windrotors reagieren. Eine weitere Gefährdung geht von vereisten Windkraftrotoren im Winter aus. Zwar werden moderne Rotoren ab einem bestimmten Vereisungsgrad automatisch abgeschaltet, aber bei Wiederinbetriebnahme könnten Eisstücke von den Rotoren abspringen und vorbeikommende Spaziergänger, Autofahrer oder andere Lebewesen gefährden. Forstwirte und Naturschützer (sic!) beklagen die hohe Zahl der Opfer vor allem unter Raubvögeln und Fledermäusen, die von den sich mit hoher Geschwindigkeit (bis zu 200 km/h an den Rotorenspitzen) drehenden Rotoren im Flug erschlagen werden.

Eindeutig fest steht mittlerweile, dass der Grundstückswert in der Nachbarschaft von Windkraftanlagen abnimmt. Gemeinden, die sich also vom Verkauf von Grundstücken an Windkraftanlagenbetreiber kurzfristig Gewinne versprechen, schaden den Grundbesitzern in der Nachbarschaft. Es gibt somit eine ganze Reihe von Gründen, an der Umweltfreundlichkeit von Windkraftanlagen zu zweifeln. Nicht bezweifelt werden kann ihre Schadstoffbilanz: Sie fällt eindeutig günstiger aus als bei herkömmlichen Kraftwerken.

Was den Wanderer aber vor allem stört, ist eines: Er ist unterwegs, um sich zu erholen, um die Natur zu genießen, um sein Gemüt zu entspannen und seine Seele aufzutanken. Ärzte, Psychologen und andere Fachleute sind mittlerweile sicher, dass das beste für die seelische Gesundheit der Anblick möglichst ursprünglicher, unberührter Natur ist. Die hofft der Wanderer in der Eifel zu finden. Doch der Anblick unberührter Natur wird in der Eifel immer seltener. Mächtig drängen sich die immer gigantischeren Windkraftbauten ins Landschaftsbild, kaum ein Horizont, der nicht von ihnen dominiert wird. Die Verfechter grüner Politik, die auf Windkraft als erneuerbare Ressource setzen, denken politisch zwar korrekt, aber eindimensional und nicht ganzheitlich. Der Anblick ›verspargelter‹ Horizontlinien etwa auf den Höhen über Kall oder im ehemaligen Rescheider Bleirevier lässt die Seele nicht zur Ruhe kommen. Dem engagierten Wanderer sollte also daran gelegen sein, dass die Zahl der Windräder in der Eifel nicht noch zunimmt.

»Esst mehr Biber!«

»Esst mehr Biber!« Diese sonderbare Aufforderung stand in das Holz einer Schutzhütte nahe der Wehebachtalsperre eingeschnitzt. Nicht weit entfernt kann man einen kleinen Bach beobachten, der an mehreren Stellen über seine Ufer tritt und den Weg unter Wasser setzt. An den Ufern der entstandenen Tümpel stehen spitz zugenagte Baumstümpfe herum – sollten hier Biber am Werk gewesen sein? Hier am Wegrand, mitten im Hürtgenwald? Aber woher sollten sie kommen? Sind sie in unserem Landesteil nicht längst ausgestorben?

Andererseits der Aufruf in der Schutzhütte – ihm ging nämlich noch eine andere Aufforderung voran: »Rettet den Wald!« Was wie der Kalauer eines Scherzbolds klingt, berührt doch auch tief verwurzelte Ängste. Was wäre Europa, was wäre die Eifel ohne Wald? Und was haben die Biber damit zu tun?

In der Tat gab es jahrzehntelang keine Biber mehr in der Eifel, ja fast in ganz Deutschland nicht. Nur noch an der Elbe bei Magdeburg lebte eine kleine Kolonie von etwa hundert Tieren. Da die Biber aber zu den ursprünglich in diesem Mittelgebirge heimischen Tierarten gehörten, wurden 1981 an zwei Stellen der Eifel erste Wiederansiedlungsprojekte gestartet: zum einen an der Heimbachtalsperre, zum anderen an der Roten Wehe, einem Zufluss der Wehebachtalsperre im Herzen des Hürtgenwaldes. Die Biberkolonie an der Heimbachtalsperre war von Anfang an von massiven Protesten begleitet. Die Gegner der Wiederansiedlung schürten Ängste, die Biber könnten die Staumauer der Talsperre durchlöchern und so eine Katastrophe heraufbeschwören. Diese Befürchtungen erwiesen sich jedoch als unbegründet. Die zuständigen Behörden vermelden, dass sich der Biber eingelebt hat, sich vermehrt und dass die Staumauer trotzdem noch intakt ist. Auch im Hürtgenwald ist das Projekt erfolgreich, die Tiere konnten sich in dem großflächigen Waldareal in Ruhe einleben und ausbreiten, wie jeder Hürtgenwald-Wanderer bezeugen kann.

Einzelne Wiederansiedlungsprogramme gab es auch in anderen Regionen Deutschlands. Diese waren teilweise so erfolgreich, dass mancher beteiligte Revierförster heute froh wäre, hätte er damals Abstand genommen. Geschätzte 150 000 Biber sollen mittlerweile wieder in Deutschland leben.

Der Biber ist nach dem Wasserschwein das zweitgrößte Nagetier überhaupt. Er kann eine Rumpflänge von bis zu 130 cm erreichen und bis zu 35 kg wiegen. Seine Hauptmerkmale sind der schwere beschuppte Schwanz und die starken Nagezähne, mit denen er Bäume mit einem Durchmesser von bis zu einem Meter fällen kann. Aus Stämmen und Zweigen baut er den Biberdamm, um das Wasser der Flüsse und Bäche aufzustauen, sowie seine ›Burg‹, in der die kleine Familienkolonie lebt. Er frisst ausschließlich Kräuter, Blätter, Gras und Wasserpflanzen.

Sein schönes dichtes Fell, das ihn vor Kälte und Wasser schützt, hat immer schon Pelztierjäger auf seine Spur gelockt, so dass der Biber im 19. Jh. fast in ganz Europa ausgerottet war. Zugleich wurde auch sein Lebensraum stark eingeschränkt: Flüsse wurden begradigt, Auenwälder abgeholzt.

Kritiker verweisen häufig auf die Probleme, die eine Wiederansiedlung mit sich bringt, denn der Biber ist seiner Natur nach äußerst erfolgreich in der Inbesitznahme und Umgestaltung seiner natürlichen Umgebung. Und da er sich auch äußerst erfolgreich vermehrt, breitet er sich weit über die ihm einst zugedachte Region hinaus aus. Mittlerweile nimmt er auch Flächen in Anspruch, auf denen er gar nicht gerne gesehen wird. So kommt es schon mal vor, dass er Obstbäume umlegt oder dass er durch seine Dammbauaktivitäten ganze Weideflächen unter Wasser setzt, die eigentlich der Nutztierhaltung vorbehalten sind.

Im Hürtgenwald gibt es diese Probleme nicht. Hier kann sich der Biber ungestört ausbreiten, das zuständige Forstamt sieht es mit Wohlwollen. Ins Konzept des neuen Nationalparks Eifel passt das Biberansiedlungsprogramm natürlich hervorragend, denn dazu gehören eben auch die Wiedereinbürgerung und Schutz von Tierarten, die einst in der Eifel heimisch waren und heute ausgestorben oder bis auf einen bedrohten Rest dezimimiert sind. Dass der Mensch der Natur dabei bisweilen ein wenig auf die Sprünge hilft, gehört zum erklärten Programm.

Wer im Hürtgenwald, dieser riesigen zusammenhängenden Waldfläche, wandert, wird sich kaum Sorgen machen, dass die Biberkolonie den Baumbestand ernsthaft dezimieren kann. Gehen wir also davon aus, das der eingangs zitierte Spruch nur ein Scherz war.

Geheimnisvolle Ruinen im Wald

Von Schevenhütte durch den Meroder Wald

Die Ruinen einer alten Klosteranlage, verborgen im Dickicht des alten Klosterhaines, locken den Wanderer. Die Phantasie muss helfen, denn viel ist von der alten Klosteranlage nicht erhalten. Schloss Merode hingegen ist in besserem Zustand und heute noch bewohnt.

DIE WANDERUNG IN KÜRZE

+ Anspruch

3.45 Std. Gehzeit

14 km Länge

Charakter: Leichte Wanderung, meist auf guten Waldwegen

Markierung: Keine durchgehenden

Wanderkarten: WK 1:25 000 Erholungsgebiet Rureifel im Deutsch-Belgischen Naturpark Hohes Venn – Eifel (WK 2 des Eifelvereins); WK 1:25 000 Aachen/Eschweiler/Stolberg (WK Nr. 1 des Eifelvereins)

Einkehrmöglichkeiten: In Schevenhütte, Merode und auf der Laufenburg

Anfahrt: Mit dem **Auto:** Autobahn Köln/Aachen bis Ausfahrt Weisweiler, ab da der Beschilderung Langerwehe folgen. In Langerwehe rechts Richtung Schevenhütte, dort geradeaus in den Ort hinein und an der Kirche links Richtung Düren/Gürzenich bis zu einer kleine Brücke rechter Hand, hier in die Straße Am Backofen abbiegen. Hier ist genügend Platz, das Auto abzustellen. Mit der **Bahn:** Langerwehe liegt an der Bahnstrecke Köln–Aachen, von dort ggf. mit dem Taxi bis Schevenhütte, da der Bus nur sporadisch fährt.

Wir gehen über die Brücke in **Schevenhütte** zurück zur Straße und biegen dort nach rechts ab. Nach 30 m biegen wir links in die Straße Am Wittberg ab und folgen der kaum merklichen Steigung leicht bergan. Nach einer Forstschranke schlängelt sich ein steiniger Pfad weiter bergauf. Ein junges Laubwäldchen spendet auch im Sommer ausreichend

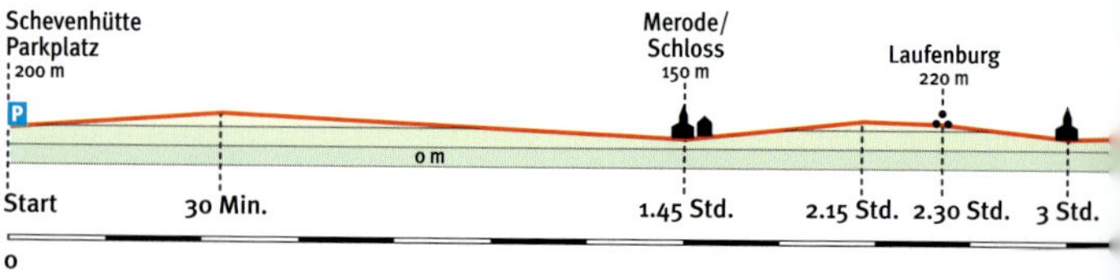

Eine Tafel am Bildstock erzählt die Gründungsgeschichte der alten Klosteranlage

Schatten. Bei der nächsten Wegkreuzung bleiben wir halblinks auf dem breiteren Waldfahrweg (Markierung 6). Unter den Füßen haben wir die Reste einer alten Betondecke.

An der nächsten Gabelung, nur wenige 100 m weiter, halten wir uns weiter geradeaus. Der Weg verläuft nun fast ohne Steigung mal durch Nadel-, mal durch Mischwald. Es folgen zwei, drei Abzweigungen, wir gehen weiter geradeaus Richtung Schwarzenbroich.

Wenige 100 m weiter stehen wir dann an der ersten richtigen Weg-

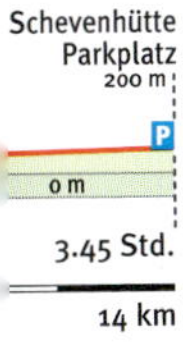

kreuzung (mit Forstschranke), hier biegen wir nach links ab. Markierungen sind nur undeutlich bzw. teilweise gar nicht vorhanden. Für etwa 500 m führt eine breite Schneise fast gerade durch den Wald. Kreuzende Wege ignorieren wir. Fichten wechseln sich mit Eichen und diversen anderen Baumarten ab, die parzellenartig angepflanzt sind. Schließlich passieren wir linker Hand ein kleines Birkenwäldchen. Fast mannshoch wuchert hier der Farn. Am Ende dieser kleinen Parzelle stehen wir an einem Wege-T, markiert durch eine alte Eiche. Wir biegen nach rechts ab, der Beschilderung Gürzenich/Schwarzenbroich folgend. Knapp 150 m weiter gabelt sich der Weg unterhalb einer alten, einzeln stehenden Eiche: Hier biegen wir links ab. Vor allem bei feuchtem Wetter ist der Weg von Pferdehufen aufgewühlt. Wir wandern hier schon an den Umfriedungsmauern des alten **Klosters Schwarzenbroich** entlang (1 Std.). Viel mehr als diese Mauern ist von dem Kloster auch nicht erhalten. Wer die Reste der Anlage besichtigen will, kann das Gelände über kleine Einstiegsstellen in der Umfriedungsmauer betreten. Vereinzelt stehen noch schmale Mauerreste, aber das ist auch alles, weshalb von der Denkmalpflege auch nichts unternommen wird, um sie zu erhalten. Durch den alten hainartigen Baumbestand hebt sich das Areal des Klosters allerdings gut von der Umgebung ab. Wer sich die Mühe macht und das Gelände

durchstreift, wird früher oder später doch auf einige Mauern stoßen, die noch eine Ahnung von der Größe der Anlage vermitteln können. Allerdings ist Vorsicht geboten, denn mancher Weg führt unversehens hinauf auf eine Mauer und man steht plötzlich mehrere Meter hoch über dem Waldboden.

Wir wandern in der ursprünglichen Richtung weiter, betreten wieder ein Wäldchen und treffen darin auf ein Denkmal, das die Gründungsgeschichte des Klosters wiedergibt. Fast hohlwegartigen Charakter hat der Weg, der für ein ganzes Stück zwischen Nadelwald und Laubmischwald verläuft und fast unmerklich bergab führt. Allmählich wird er etwas breiter und besser und führt schließlich durch eine junge Fichtenschonung, an deren Ende wir an einem Fünf-Wege-Stern stehen. Wir nehmen den Weg halblinks: nicht den, der in fast rechtem Winkel links abbiegt, sondern den nächsten, der in etwa auf gleicher Höhe bleibend weiterführt. An den beiden folgenden Wegkreuzungen gehen wir geradeaus, queren auch einen breiteren Wanderweg und folgen nun den beiden Markierungen A8 und A9 schnurgerade durch den Wald. Infotafeln am rechten Wegrand klären über die heimischen Tier- und Pflanzenarten auf. Schließlich stehen wir vor einem Gittertor; dahinter zweigt rechts ein Weg ab, wir gehen aber weiter geradeaus. Bald darauf tritt der Wald auf beiden Seiten zurück, lediglich die Wegränder sind dicht gesäumt mit Büschen und Bäumen.

Schließlich erreichen wir die ersten Häuser des Örtchens **Merode.** Wir gehen geradeaus durch den Ort, ignorieren mehrere nach rechts abzweigende Straßen und passieren endlich den **Schlosspark** von Merode (1.45 Std.). Das Schloss ist in der Regel nicht zugänglich, da es privat bewohnt ist. Am Ende des Schlossparks, beim letzten Haus der Straße, biegen wir in einen leicht ansteigenden Asphaltweg nach links ein.

Der Asphalt endet schon nach etwa 200 m am Tor eines Demeterhofes; eine Allee führt uns linker Hand an den Wiesen und am Hofgebäude vorbei. Durch ein Gatter betreten wir den Wald. Hier spaltet sich der Weg in mehrere Äste auf: Wanderweg A5 führt halbrechts den Berg hinauf. Wir nehmen den halblinken Weg, einen schmalen Pfad, der auf einen kleinen Geländeeinschnitt zuläuft, vor diesem aber rechts steil den Berg hinaufführt. Zwischen alten Fichten laufen wir auf ein niedriges, jüngeres Wäldchen zu. Der Weg führt links daran vorbei und gabelt sich. Wir nehmen den rechten Abzweig. Der Baumbestand wechselt; von Nadelwald geht er jetzt in einen Buchenwald über. Dazwischen gibt es aber auch Kiefernareale, immer häufiger auch Birken. Der Wald wird lichter, und wo die Sonne die Chance hat, den Boden zu erreichen, wächst wieder dichter Farn. Es geht noch ein Stück weiter bergauf, aber allmählich wird der Weg flacher und dann ganz eben. Schließlich stößt unser Pfad auf einen Querweg, auf den wir nach links abbiegen. In einem weiten Rechtsbogen führt er zu einer Windbruchfläche. Hier, im fast offenen Gelände, treffen wir wieder auf eine Wegkreuzung (2.15 Uhr).

An dieser Kreuzung biegen wir rechts ab, für ein paar Meter geht es noch leicht bergan, bis wir schließlich den höchsten Punkt der Wanderung überschritten haben. Hier passieren wir eine weitere Windbruchfläche; an deren Ende geht es wieder in Mischwald hinein. Der Weg senkt sich jetzt etwas deutlicher, an einem rot-weißen Markierungspfahl gabelt er sich. Wir laufen geradeaus auf dem schmalen Pfad weiter, folgen nicht dem leicht nach links abschwenkenden Fahrweg. Schließlich trifft unser Pfad auf einen breiteren Weg. Wir treten aus dem Wald heraus und sehen vor uns die **Laufenburg** (2.30 Std.), die heute eine Gaststätte und einen Reiterhof beherbergt. Kurz vor der Burg gabelt sich der Weg, unser Wanderweg führt links weiter.

Der breite, steinige Fahrweg, der uns jetzt in weiten Kurven bergab führt, ist der Zufahrtsweg für die Laufenburg. Eine erste Abzweigung nach links in den Wald an einer Infotafel ignorieren wir und bleiben auf unserer breiten Fahrweg. 50 m weiter aber, an einer kleinen Schutzhütte und einer Forstschranke, biegen wir links ab. Rechter Hand, wenige Schritte im Wald, befindet sich ein künstlich aufgestauter Teich. Wir bleiben immer auf dem Hauptweg, folgen ihm für etwa einen guten halben Kilometer, bis er eine deutliche Rechtskurve macht und nehmen dann an der zweiten Kreuzung danach in der scharfen Linkskurve, etwa 200 m weiter, einen schmaleren, grasbewachsenen Waldweg nach rechts. Schon hört man den Verkehr einer Fahrstraße. Kurz vor der Straße Langerwehe–Schevenhütte führt links ein schmaler Hohlweg zur Straße hinab. Die letzten Meter legen wir in diesem Hohlweg zurück, überqueren die Straße, anschließend den Wehebach über die Straßenbrücke und folgen dann weiter dem Sträßchen nach Wenau.

Wir passieren die Einfahrt zu einem Reiterhof und müssen ab jetzt neben der Straße laufen. Etwa 30 m hinter dem Ortsschild von **Wenau** können wir links abbiegen, um die alte **Klosterkirche** und den Klosterinnenhof zu besichtigen (3 Std.). (Öffnungszeiten: nur 1. So des Monats 14–16 Uhr). Ein Besuch lohnt sich allemal. Die Klosterkirche sowie die darin enthaltene Kreuzigungsgruppe stammen noch aus der Zeit der Gründung (12. Jh.).

Nach Verlassen der Klosteranlage gehen wir zurück zur Fahrstraße und halten uns links. Wir verlassen Wenau auf einem schmalen Fußweg neben der Straße, der endet, sobald die Straße in den Wald eintritt. Knapp 200 m läuft man jetzt neben der Straße her, dann biegt links ein Weg ab, der durch ein Forstschranke versperrt ist. Er führt uns durch die

Kurz vor der Stolzenburg tritt der Wanderweg aus dem Wald heraus

schattigen Auen des Wehebachtals, vorbei am **Forsthaus Wenau.** Wenige Augenblicke später stößt unser Pfad auf eine schmale Fahrstraße, auf ihr biegen wir nach links ab. Diese schattige Allee bringt uns in 5 Min. an den Ortseingang von **Schevenhütte.** Wir laufen rechts bis zur Kirche, biegen dahinter links in die Nideggener Straße ein und sind wieder an unserem **Ausgangspunkt** (3.45 Std.).

Tour 2

Stiller Forst am Brandenburger Tor

Vom Brandenburger Tor zur Wehebachtalsperre

Keine Straße ist zu queren, ausschließlich durch den ausgedehnten Forst des Hürtgenwaldes geht es auf dieser Wanderung. Gut ausgebaute Wanderwege führen durch diese weite Waldlandschaft, die am Ende des Zweiten Weltkrieges die letzten großen Schlachten zwischen den Verbänden der Allierten und der Wehrmacht gesehen hat.

DIE WANDERUNG IN KÜRZE

+ Anspruch

4.30 Std. Gehzeit

17 km Länge

Charakter: Leichte Wanderung auf stets gut ausgebauten Waldwegen

Wanderkarte: WK 1:25 000 Erholungsgebiet Rureifel im Deutsch-Belgischen Naturpark Hohes Venn – Eifel (WK 2 des Eifelvereins)

Einkehrmöglichkeiten: In Hürtgen

Anfahrt: Mit dem **Auto:** Auf der A 4 Richtung Aachen bis zur Abfahrt Düren/Weisweiler, weiter Richtung Düren. Am Ortseingang Düren direkt rechts (Schild Bahnhof, Fernverkehr). Geradeaus am Bahnhof vorbei, über die nächste größere Kreuzung (links Richtung Monschau/Nideggen) bis zur Aachener Straße, hier rechts Richtung Aachen/Monschau. Im Ortsteil Rölsdorf Richtung Monschau/Nideggen nach links und auf der B 399 Richtung Gey und Hürtgenwald bis Hürtgen. 150 m nach dem Ortausgang rechts in das Sträßchen Brandenburger Tor, freie Durchfahrt bis zum Wanderparkplatz. Keine **Bahn**verbindung.

Wir beginnen unsere Tour am Wanderparkplatz etwas außerhalb von **Hürtgen**, durchschreiten das Brandenburger Tor, um direkt dahinter nach rechts abzubiegen. Zunächst geht es in halbwegs offenem Gelände leicht bergab, rechter Hand kann man die Häuser von Hürtgen sowie

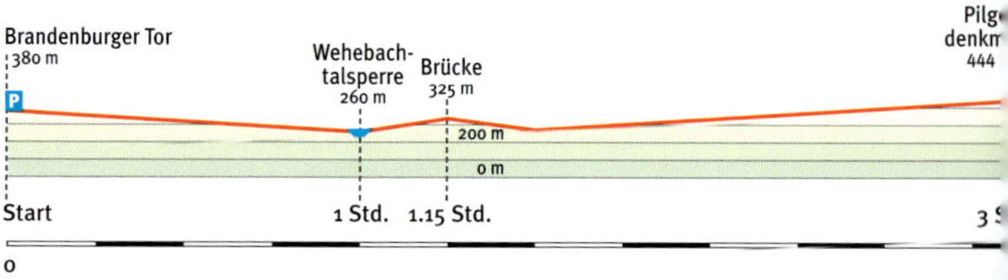

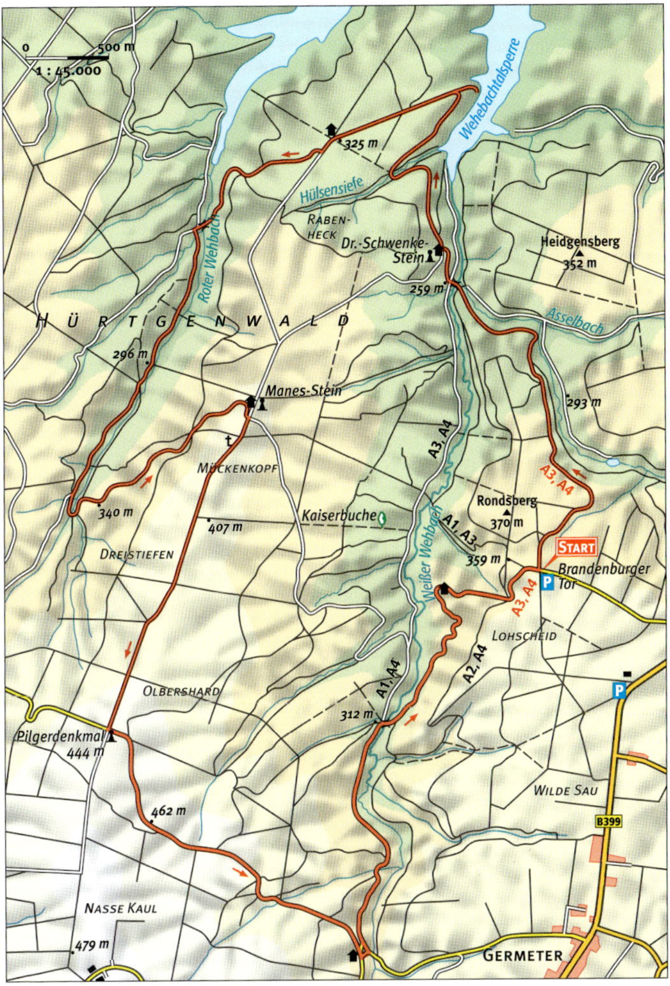

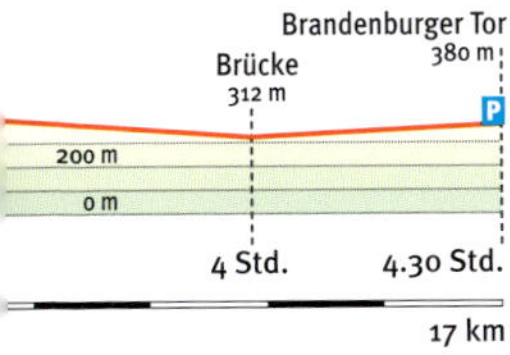

am Horizont einige der mittlerweile so typischen Windkraftanlagen erkennen. Nach knapp 500 m schließt sich der Wald allmählich. Wir bleiben immer auf dem gut ausgebauten Forstwirtschaftsweg, der uns stetig leicht bergab und immer tiefer in den Wald hinein führt. Fichten und vereinzelte Buchen lösen Kiefern und Eichen ab.

Nach etwas mehr als 1 km tritt der Nadelwald vorübergehend zurück, um niedrigen Hecken und Bäumchen rechts und links am Weg Platz zu machen. Unter uns im Tal schimmert ab und zu der Hürtgenbach zu uns herauf. Immer weiter geht es bergab, bis wir uns schließlich hinter einer scharfen Linkskurve allmählich der Talsohle mit dem Hürtgenbach nähern. Am Talboden stoßen wir schließlich auf einige Wegabzweigungen. Hier direkt am Weg mündet der Hürtgenbach in den **Weißen Wehebach**, den wir auf einer Steinbrücke überqueren (30 Min.).

Wir gehen an der Wegkreuzung hinter der Brücke in etwa geradeaus weiter auf dem Weg, der nun leicht bergauf führt. Lang ist die Steigung nicht; schon nach etwas mehr als 200 m wird der Weg wieder ebener. Hier stößt von links ein Forstwirtschaftsweg auf unseren Wanderweg, wir bleiben weiterhin auf dem Weg geradeaus. Gleich darauf geht es schon wieder bergab. Dann und wann gibt die Vegetation am Wegrand Gesteinsaufschlüsse frei, hier ist zu erkennen, dass wir uns geologisch gesehen im Bereich einer Schieferformation bewegen.

Nach einer scharfen Rechtskurve steigt der Weg wieder für eine kurze Strecke an. Ein gutes Stück geht es jetzt recht eben weiter durch den Wald. Dort, wo der Wald zur Rechten etwas lichter ist, kann man die Wasserfläche der Wehebachtalsperre durch die Bäume heraufblitzen sehen. In einer scharfen Linkskurve zweigt ein Weg rechts ab. Eine roh gezimmerte Forstschranke versperrt hier die Zufahrt, denn hier beginnt die Wasserschutzzone der Wehebachtalsperre. Wir folgen dem rechts abbiegenden Weg hinunter zum Stausee.

Nach knapp 200 m stehen wir an einem Ausläufer der **Wehebachtalsperre** (1 Std.). Nur bei niedrigem Wasserstand ist hier eine Brücke zu sehen, die über den Bach führt. Auch ein Sträßchen, das direkt ins Wasser zu laufen scheint, ist bei normalen Wasserstand nicht zu sehen.

Wir kehren von dem kleinen Abstecher zurück auf den Hauptweg und wandern in der ursprünglichen Richtung weiter. Der Weg steigt jetzt stetig an. Etwa am höchsten Punkt des Weges erreichen wir eine **Schutzhütte** und einen Wegstern. Es geht noch ein Stück geradeaus, der Markierung auf einem Granitstein Richtung Ficht (A7) folgend. Nach 50 m biegen wir Richtung Zweifall nach rechts ab. Es geht wieder bergab. Am Anfang führt der Weg durch einen jüngeren Nadelwald, etwas später werden die Bäume dann älter und höher. In leichten Serpentinen schlängelt sich der Weg bergab, bis wir schließlich im Tal auf den Roten Wehebach stoßen, den wir auf dem Weg überschreiten. Auf der anderen Seite biegen wir wir links ab und folgen dem Weg, der, begleitet von üppig wucherdem Farn, parallel zum Roten Wehebach durchs Tal verläuft. An einer Stelle hat das rotbraune Wasser des Baches weitläufig den Waldboden überschwemmt, abgestorbene Bäume recken ihre kahlen, toten Äste in den Himmel. An anderen Stellen bilden gefällte Bäume kleine Stauwehre, auf denen sich neue Pflanzengesellschaften angesiedelt haben. Wir befinden uns hier im Wiederansiedlungsgebiet des Bibers (s. S. 14).

Schließlich führt der Weg leicht vom Bach weg. Wir gelangen an einen Holzlagerplatz mit einer Wegverzweigung und wählen den linken Abzweig, der in der Nähe des Baches bleibt. 50 m weiter führt dieser Weg in einem Linksbogen über den Roten Wehebach hinüber. Wir folgen dem Bogen und kommen auf einen asphaltierten Weg, der bergan führt (2.30 Std.). Bald stehen wir wieder auf der Höhe. Hier befindet sich abermals eine **Schutzhütte** und eine Wegkreuzung, bei der wir rechts abbiegen.

Kurz hinter der Schutzhütte, am **Dr.-Manes-Stein,** wird der Weg nun wieder etwas flacher. Links ein kleiner Eichenwald, rechter Hand immer noch Nadelwald. Für 2 km geht es nun fast wieder schnurgerade und nur leicht ansteigend durch den Wald, bis wir schließlich auf eine etwas größere Wegkreuzung stoßen. Gegenüber befindet sich ein mannshohes Steinmonument, das so genannte **Pilgerdenkmal** (3 Std.), an den Bäumen sind mehrere Wegzeichen angebracht. Hier folgen wir dem Wegweiser nach links Richtung Vossenack. Die Eichen, die jetzt den Wegrand säumen, werden allmählich mächtiger. Diese Eichen haben eine der letzten großen Schlachten des Zweiten Weltkrieges gesehen, hier lieferten sich die Verbände der Alliierten auf ihrem Vorstoß nach Deutschland eine der letzten großen Materialschlachten mit der deutschen Wehrmacht. Viele dieser Eichenstämme enthalten noch Granatsplitter, sodass ihr Holz in der Schreinerei oder im Sägewerk mit äußerster Vorsicht behandelt werden muss.

Wir wandern jetzt erneut ostwärts in Richtung Hürtgen. Wir passieren ein kleines Birkenwäldchen, an dessen Rändern der Farn wieder üppig wuchert. Etwa in der Mitte des Wäldchens zweigt linker Hand ein Weg ab, wir aber wandern weiter geradeaus. Unter unseren Füßen haben wir nun die Reste einer alten groben Betondecke. Bald schwingt sich der Weg in weit ausholenden Kurven zur Talsohle hinab, wo wir wir zum dritten Mal ein Bächlein überqueren. Wundern Sie sich nicht, wenn es ab und zu im Wald knackt oder ein hastiges Trappeln zu hören ist. In diesem großen geschlossenem Waldgebiet, das von keiner Straße unterbrochen ist, kann es gut sein, dass ein Hirsch oder ein Reh oder auch mal ein Wildschwein aufgestört wird und das Weite sucht.

Bei einer Wegkreuzung mit einer Schutzhütte, die über einen kleinen Holzsteg zu erreichen ist, biegen wir im spitzen Winkel nach links ab Richtung Talsperre und wandern ohne große Höhenunterschiede Richtung Norden, immer parallel zum Weißen Wehebach. Bei einer weiteren Weggabelung mitten im Wald mit ein paar einfachen Sitzbänken und einem Granitstein als Wegweiser wenden wir uns nach rechts und überqueren den **Weißen Wehebach** (4 Std.).

Am anderen Ufer gehen wir geradeaus weiter, um den letzten Anstieg in Angriff zu nehmen. In leichten Windungen geht es mäßig bergan. Eine letzte **Schutzhütte** in einer engen Rechtskurve signalisiert uns, dass wir fast wieder am Ausgangspunkt unserer Wanderung sind. Nach ein paar letzten Kurven tritt der Weg aus dem Wald hinaus und wir sehen vor uns wieder das **Brandenburger Tor** (4.30 Std.), das im Gegensatz zu seinem berühmten Namensvetter weiter nichts ist als ein schlichtes, roh gezimmertes Holztor, wie wir es an vielen anderen Wanderparkplätzen in der Eifel auch finden.

Wasser für Aachen

Von Zweifall zur Dreilägerbachtalsperre

Durch eines der größten zusammenhängenden Forstreviere der Eifel führt diese lange Wanderung. Neben viel Wald gibt es aber auch eine Talsperre und den ersten Ausläufer des hohen Venns zu bewundern.

DIE WANDERUNG IN KÜRZE

++ Anspruch

6 Std. Gehzeit

24 km Länge

Charakter: Ausgedehnte Wanderung auf meist gut ausgebauten Waldwirtschaftswegen; ein kurzes Stück fast weglos

Wanderkarten: TK 1:50 000 Aachen L5302/ WK 1:25 000 Monschauer Land/Rurseengebiet im Deutsch-Belgischen Nationalpark (WK 3 des Eifelvereins)

Einkehrmöglichkeiten: Restaurant im Solbachtal sowie in Rott

Anfahrt: Mit dem **Auto:** A 44 Richtung Eupen bis Brand, weiter auf der B 258 bis Zweifall. Kurz vor Zweifall auf der Höhe eines Sägewerkes links zum Restaurant Solbachtal, dort Parkgelegenheit. Mit der **Bahn:** Ab Aachen mit dem Bus Richtung Simmerath bis Roetgen. (Ausgangspunkt ist dann nicht Zweifall, sondern Roetgen.)

Am **Restaurant Solchbachtal** beginnen wir unsere Wanderung. Wir gehen am Restaurant vorbei und in einer leichten Linkskurve, vorbei am **Waldspielplatz,** auf den Wald zu. Nach 100–150 m befindet sich rechts eine erste kleine Abzweigung zu einem Erzstollen. Sie führt ein Stück in den Wald zum Mundloch eines ehemaligen Schürfstollens, das durch ein Gitter verschlossen ist. Eine Schautafel mit Fotos klärt darüber auf, wie es im Berginnern aussieht.

Zurück auf unserem Wanderweg gehen wir weiter geradeaus. Etwa 200 m weiter gabelt sich der Weg zum ersten Mal. Wir bleiben auf dem breiten Weg links, der sich stets in der Nähe des Krebsbaches hält. Auch

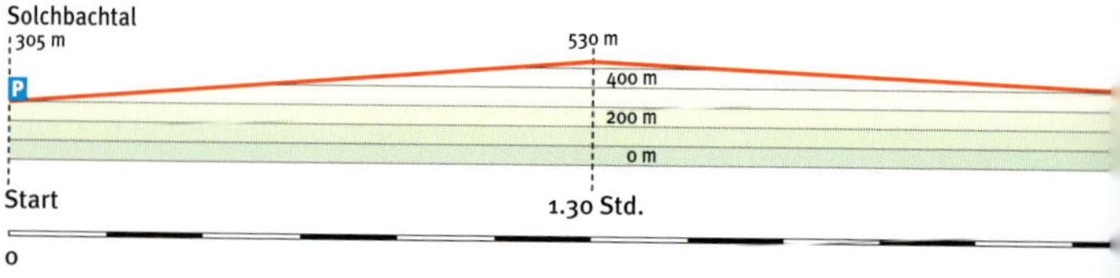

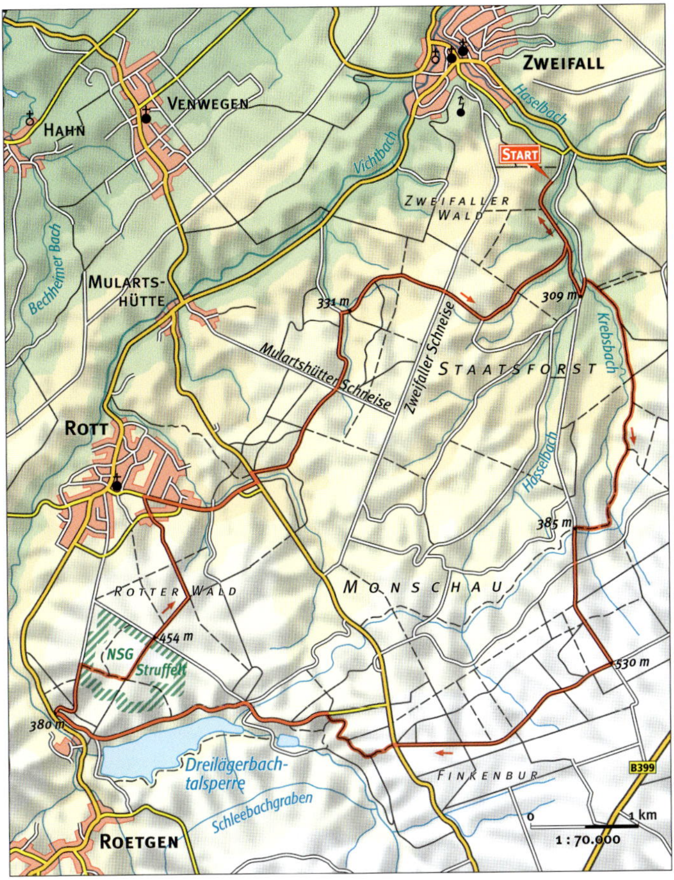

alle weiteren Abzweigungen ignorieren wir, bis wir schließlich auf einer kleinen Holzbrücke den Bach überqueren. Dessen Name weist darauf hin, dass früher tatsächlich einmal Flusskrebse in ihm lebten. Etwa 200 m nach der Brücke stoßen wir auf einen asphaltierten Querweg: Wir gehen nach links. 50 m weiter – hier beginnt auch ein Waldlehrpfad – nehmen wir den unbefestigten Weg, der nach rechts in den Wald abzweigt.

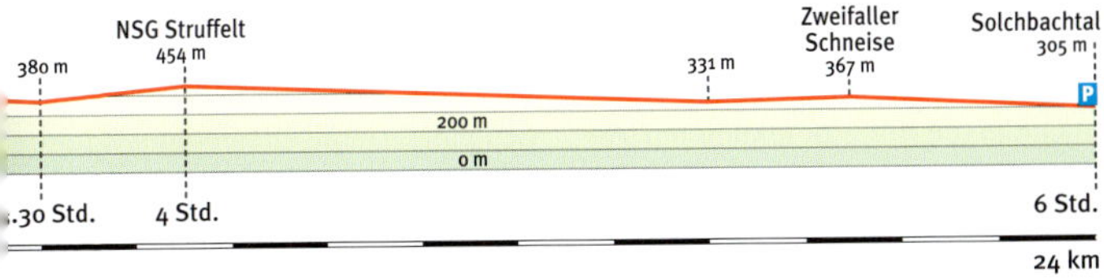

Ausläufer des Hohen Venns: das Naturschutzgebiet Struffelt

Wir folgen dem durch Fahrspuren deutlich gekennzeichneten Weg, der zwischen Fichten- und Mischwald allmählich ansteigt. Immer wieder berührt er den Lauf des Krebsbaches, dessen Rotfärbung die Eisenhaltigkeit des Untergrundes verrät.

Einige Zeit später verbreitert sich unser Weg, wir befinden uns wohl auf einem ehemaligen Holzlagerplatz. Am Ende führt der Weg in ein niedrigeres Gehölz hinein. Forstfahrzeuge haben stellenweise tiefe Rinnen in den Weg gegraben. Bei feuchtem Wetter sammelt sich hier das Wasser und macht diese Wegstücke stellenweise unpassierbar. Man kann zum Teil auf Pfade linker Hand ausweichen, sollte aber den Weg dabei nicht aus den Augen verlieren. Dieser Weg wird nun deutlich schmaler und gewinnt an Höhe, bis wir fast die Kuppe erreicht haben. Wir wandern auf eine horizontal verlaufende helle Kante zu: Dies ist ein künstlich angelegter Damm, der den Hasselbachgraben begrenzt. Dieser Graben sammelt alle Oberflächenwasser und leitet sie bis zur Dreilägerbach-Talsperre, hilft also, die Trinkwasserversorgung der nahen Stadt Aachen zu sichern. Fürs Erste laufen wir auf dem kleinen **Damm** parallel zum Graben nach rechts (1 Std.).

Wir halten uns stets auf dem Damm, der anfänglich durch niedrigen Laubwald, später wieder durch lichten Fichtenwald läuft. Nach etwa einem halben Kilometer kreuzt der Dammweg eine asphaltierte Fahrstraße im Wald. Wir biegen nach links, um die Höhe zu erklimmen. An einer Wegkreuzung gehen wir geradeaus weiter; ein Markierungspfeil auf einem Felsen weist uns Richtung Jägerhaus. Auf schotterigem Untergrund geht es, mäßig ansteigend, bergauf. Wegabzweigungen nach links und nach rechts ignorieren wir. Hinter einer sanften Linkskurve tritt der Wald rechter Hand zurück und macht einer Fichtenschonung Platz. Schnurgerade zieht unser Weg nun auf die Höhe. Dort, wo der Weg wieder in den Wald eintritt, treffen wir auf einen Querweg, dem wir nach rechts folgen (1.30 Std.). Hier haben wir den höchsten Punkt unserer Wanderung erreicht. Rechter Hand schweift der Blick nun weit zum Horizont, wo man bei klarem Wetter bis nach Stolberg und Aachen schauen kann.

Unbeeindruckt von allen Abzweigungen bleiben wir auf dem gut ausgebauten, leicht abwärts führenden Forstweg. Nach knapp 2 km ändert sich plötzlich die Zusammensetzung des Waldes zur Rechten: Zwischen Lärchen und Kiefern finden wir nun Ahorn, Birken, Erlen und vereinzelt so-

gar Wildkirsche und Wildapfel. Bald dringen die ersten Fahrgeräusche von der nahen **Landstraße Mulartshütte–Lammersdorf** an unser Ohr. Wir überqueren sie und treten auf der gegenüberliegenden Seite bei einer Schranke wieder in den Wald (2 Std.).

Auf weichem Waldboden geht es geradeaus. Nach etwa 300 m folgen wir rechts der Abzweigung, die an der Einzäunung einer Schonung vorbeiführt. In einer weit ausholenden S-Kurve folgt der Pfad den Geländekonturen. Schließlich stoßen wir wieder auf einen asphaltierten Fahrweg, der sich von der Fahrstraße Lammersdorf–Mulartshütte nach Roetgen hinunterschlängelt und am Wochenende bei Fahrradfahrern sehr beliebt ist. Auf ihm wandern wir nun mit mäßigem Gefälle nach links, der **Dreilägerbach-Talsperre** entgegen. Nach knapp einem Kilometer erreichen wir eine Brücke mit einem **Pegelhäuschen.** Hier endet der Dammweg, auf dem wir zuvor ein Stück durch den Wald gelaufen sind. Wir bleiben aber auf unserem Asphaltsträßchen, das den Uferverlauf der Dreilägerbach-Talsperre nachzeichnet. Näher kommen wir an die als Trinkwasserschutzzone hermetisch abgeriegelte Talsperre leider nicht heran. Wir nähern uns jetzt der Straße von Roetgen nach Rott, die am Fuße der Staumauer verläuft. 30 m bevor sich unser Sträßchen mit der Fahrstraße vereinigt, zweigt noch vor der Schranke scharf rechts ein Waldweg den Hang hinauf ab. Diesem Weg folgen wir (3.30 Std.).

Dort, wo der Weg aus dem dichteren Laubwald hinaustritt, betreten wir ein kleines **Naturschutzgebiet** im Rotter Wald. Kurz darauf zweigt rechts ein breiter Weg ab, der als Feuerschneise dient. In diesen biegen wir ein. Birken und Farnkraut zeigen an, dass wir uns hier in den Ausläufern des Hohen Venns befinden. Der Untergrund wird feucht, schließlich müssen sogar sumpfige Stellen auf Bohlenstegen überquert werden. Kurz nach einem moorigen Tümpel rechter Hand nehmen wir einen Quersteg nach links. Zur Rechten fällt der Blick auf die bewaldeten Höhen, die wir vor Stunden durchwandert haben. Der Untergrund wird wieder trocken, wir treten in ein lichtes Birkenwäldchen ein und haben in etwa die höchste Stelle des **Naturschutzgebietes Struffelt** erreicht. Kurz darauf stoßen wir an einer Holzschranke auf eine Wegkreuzung (4 Std.). Wir gehen, nun wieder auf Asphalt, im Fichtenwald fast schnurgerade weiter bergab.

Schließlich macht unser Weg eine Linkskurve und führt uns erneut an eine Wegkreuzung. Wir folgen dem Asphaltweg nach links und erreichen, nach einer letzten Linkskurve, die ersten Häuser des Örtchens **Rott.** Wir laufen geradeaus weiter, über eine erste kleine Kreuzung hinweg, bis unser Sträßchen nach links in eine Fahrstraße einmündet. Linker Hand geht es ins Zentrum mit mehreren Gaststätten, wir aber wenden uns nach rechts. Am Ortsende folgen wir nicht den Wanderzeichen nach rechts, sondern folgen der Straße noch etwa 400 m weit bis zur nächsten Gabelung. Dort biegen wir rechts in den Forstweg ein, der leicht den Berg hinaufführt. Nach knapp 100 m passieren wir das **Forsthaus Rott,** ein Stück weiter stoßen wir auf die querende Straße Mulartshütte–Lammersdorf. Vorsicht: Mancher Motorradfahrer dreht hier auf der kurzen Gefällstrecke noch einmal voll auf, um sich Schwung für die Steigung am Gegenhang zu holen!

Wir laufen ein kurzes Stück neben der Straße nach links und folgen dem Forstweg nach rechts in den Wald. Es geht parallel zum Talboden, in dem ein kleines Bächlein plätschert. Wir ignorieren alle links und rechts abzweigenden Fahr- und Ziehwege und folgen stets dem mäßig ansteigenden Weg. Schließlich treffen wir mitten im Forst auf eine große **Wegkreuzung,** den Treffpunkt zweier Hauptwanderwege des Eifelvereins (5 Std.). Wir kreuzen hier den Wanderweg 6 Aachen–Trier, auch Matthiasweg genannt, da er dem alten Verlauf des Pilgerweges zum Grab des Apostels Matthias in Trier folgt.

Wir gehen aber geradeaus, jetzt wieder leicht bergab in einen Rotbuchenwald. Ein geologischer Aufschluss mit Hinweisschild zeigt, dass wir uns auf einem Geolehrpfad befinden. Nach etwas mehr als einem halben Kilometer gabelt sich der Weg, wir nehmen die Abzweigung scharf nach rechts. Kurz davor spendet die **Großquelle** im Wald wohlschmeckendes Wasser. In einem weit ausholenden Rechtsbogen schwingt sich der Waldweg hinauf zu einem letzten Höhepunkt, der Kreuzung mit der **Zweifaller Schneise,** die sich kilometerlang schnurgerade durch den Forst zieht. Ab jetzt geht es nur noch bergab. Hier im Herzen eines der größten Einzelforstreviere der Eifel ist von Zivilisationslärm wenig zu hören.

Knapp 500 m nach der Kreuzung mit der Zweifaller Schneise gabelt sich unser Weg noch einmal. Wir halten uns links, weiter talwärts und treffen eine Viertelstunde später wieder auf unseren Hinweg am Rande des Krebsbaches. Wir biegen nach links auf die nun schon bekannte Strecke und erreichen nach einem weiteren Kilometer wieder unseren Ausgangspunkt am **Restaurant Solchbachtal** (6 Std.).

Rund um das Tal der Vicht

Von Friesenrath zur Dreilägerbachtalsperre

Rund um Rott und durch die ausgedehnten Wälder des Monschauer Staatsforstes führt diese Wanderung. Viel Zeit also, die Natur zu genießen, denn nur selten dringt Zivilisationslärm in die Tiefen dieses Wandergebietes.

DIE WANDERUNG IN KÜRZE

++ Anspruch

4 Std. Gehzeit

18 km Länge

Charakter: Ausgedehnte Wanderung auf meist gut ausgebauten Wanderwegen

Wanderkarte: WK 1:25 000 Monschauer Land/Rurseengebiet im Deutsch-Belgischen Nationalpark (WK 3 des Eifelvereins)

Einkehrmöglichkeiten: In Rott

Anfahrt: Mit dem **Auto:** Am Autobahnkreuz Aachen auf die A44 Richtung Eupen bis Abfahrt Brand, weiter auf der B 258 durch Kornelimünster und Wahlheim bis Friesenrath. Dort etwa 300 m hinter dem Ortsschild links steil bergab in den Friesenrather Weg bis zum Wanderparkplatz linker Hand kurz hinter einer Brücke. Mit der **Bahn:** Von Köln mit dem RegionalExpress bis Aachen-Rote Erde, von dort mit dem Bus Richtung Schmiede nach Friesenrath.

Von dem Parkplatz an der Indebrücke in **Friesenrath** folgen wir dem Wander- und Reitweg, der in den Münsterwald hineinführt. Wir passieren eine Forstschranke. Wenige Schritte dahinter öffnet sich rechts der Wald für ein kleines Wiesental. Der Weg steigt mäßig an, bis wir nach ca. 10 Min. auf einen asphaltierten Wirtschaftsweg stoßen, in den wir rechts einbiegen. Etwa 50 m weiter gelangen wir zu einer **Schutzhütte,** die am Rande einer freien Rodungsfläche steht. Wir laufen weiter geradeaus und erreichen nach 100 m die nur aus 3 Häusern bestehende Siedlung **Kitzenhaus.**

Hinter dem zweiten Hof biegen wir links ab und wandern weiter, zunächst unmittelbar am Waldrand entlang, dann in den Wald hinein. Rechter Hand liegt ein kleines Feuchtbiotop, das vom Treusief gespeist wird. Wir wandern durch Laub- und Nadelwald und über kleine Weideflächen immer geradeaus. Bei einer Wegkreuzung mit verschiedenen Wegmarkierungen biegen wir rechts ab, ein kleines Kreuz an einem Baum und die Wegzeichen Winkel und schwarzes Dreieck weisen uns den Weg.

300–400 m lang führt der Weg nun in fast schnurgerader Schneise durch dunklen Fichtenhochwald. Beim ersten Querweg biegen wir links ab. Schließlich tritt der Weg aus dem Wald hinaus in offenes Wiesengelände. Am Rande des Waldes stoßen wir auf eine **Forstschranke.** Hier biegt, trotz der Wanderzeichen nicht einfach zu erkennen, ein schmaler, stellenweise vermooster Pfad rechts in den Wald ein (Im Zweifelsfall hält man sich immer nahe zum Waldrand.). Feuchte Stellen kann man umgehen. Kurz bevor wir die Talsohle mit dem Vichtbach erreichen, stoßen wir auf einen etwas breiteren Waldpfad, auf dem wir nach links abbiegen. Hier, 15–20 m oberhalb der kleinen Bachaue, könnte es fast idyllisch sein, wären nicht die Fahrgeräusche der nahen Landstraße. Schnell tauchen am Waldrand die Häuser des Örtchens **Mulartshütte** auf.

Wir erreichen die Fahrstraße von Mulartshütte nach Venwegen, überqueren diese leicht schräg nach links und nehmen den breiten Waldpfad, der bergab wieder von der Straße wegführt. Die Wegzeichen des Eifelvereins und die Abzweigungen nach links und rechts ignorieren wir und gehen geradeaus. Wir passieren den Campingplatz sowie das Erholungsgelände der Aachener Stadtwerke mit einem kleinen Schwimmbad und wandern oberhalb des Vichtbaches durch den Wald. Schließlich erreichen wir einen großen **Wanderparkplatz** (1.15 Std.). Wir überqueren ihn, halten uns dabei rechts, überqueren auf der Zufahrtsbrücke den Vichtbach und erreichen die Fahrstraße Mulartshütte–Zweifall. Unmittelbar gegenüber biegt ein schmaler, unscheinbarer Pfad in den Wald, dem wir folgen. Nach 200–300 m überqueren wir einen kleinen Bach und 50 m weiter auf einer kleinen Brücke ein weiteres Bächlein. Dann stehen wir auf einem asphaltierten Waldwirtschaftsweg, auf dem wir nach links abbiegen. Wir wandern nun im Tal des Vollerbaches mit mäßiger Steigung bergauf. Rechter Hand sehen wir bald den ersten von mehreren geologischen Aufschlüssen, in diesem Fall ist es die Nummer 13, leider ohne Informationstafel.

Für die weitere Strecke gilt: Immer in der Nähe des Vollerbaches bleiben! Wir passieren weitere Geostationen, nach der **Mulartshütter-Schneise** trägt unser Weg die Markierung A2. Wir folgen dieser weiter, auch wenn sie nach einer auffälligen Rechtskurve nach links auf einen Waldweg abzweigt, der auch als Reitweg markiert ist. An einer Wegkreuzung unmittelbar vor einem kleinen Waldweiher heißt es aufpassen: hier nicht in etwa gerader Linie weiterlaufen, sondern rechts halten. Nach einer Weile passieren wir ein **Gedenkkreuz** für einen 1930 hier verunglückten Mann aus Aachen. Fahrgeräusche verraten uns, dass wir uns wieder einer Fahrstraße nähern.

Fast ohne Höhenunterschied verläuft der Weg durch einen jungen Auenwald, vorherrschende Baumart scheint die Birke zu sein. Schließlich führt der Weg in einer Linkskurve etwas aus der Talaue heraus, rechter Hand wird ein Wanderparkplatz

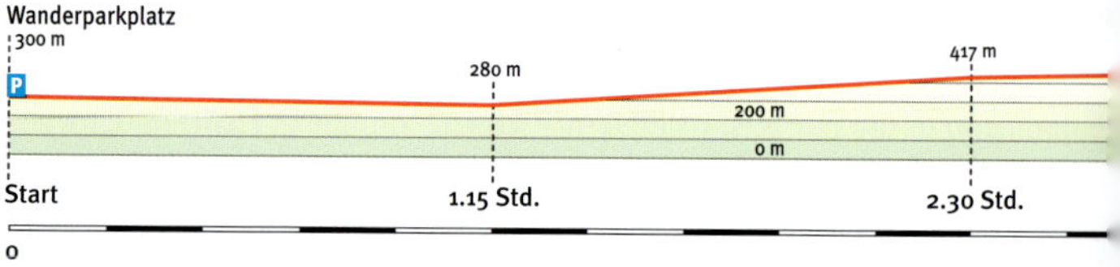

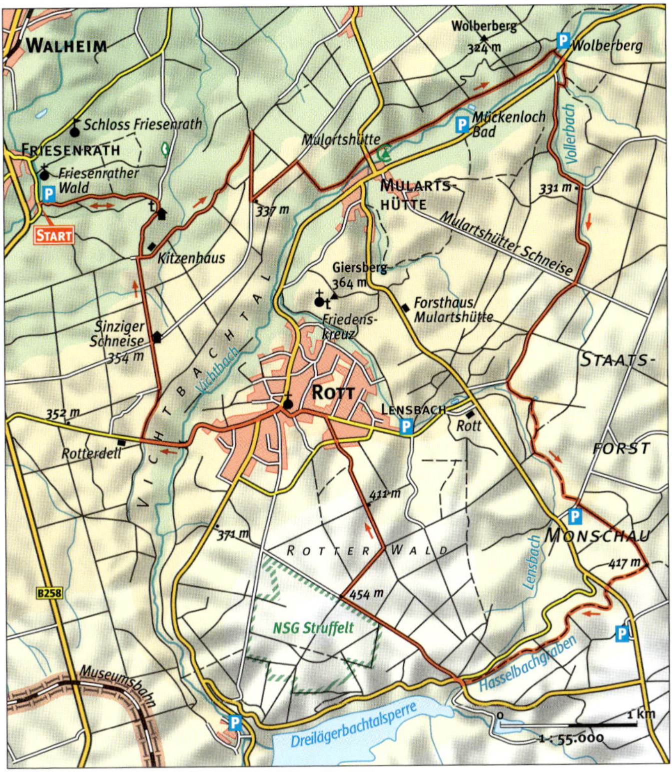

sichtbar. Wir stoßen auf einen asphaltierten Querweg und halten uns rechts.

20 m weiter, noch vor dem Parkplatz, geht es links bergauf. Der Weg steigt in offenem Nadelwald zunächst stetig an. Es geht immer geradeaus, bis wir wir mitten im Wald eine kleine steinerne Brücke erreichen, die über den Hasselbachgraben führt, einen künstlich angelegten Graben, der das Wasser verschiedener Bäche aus dem Hürtgenwald sammelt und zur Dreilägerbachtalsperre führt. Wir biegen vor der Brücke nach rechts auf den schmalen Pfad, der auf dem Damm neben dem Graben verläuft und folgen dessen Verlauf bis zur Landstraße Mulartshütte–Lammersdorf. Vorsicht bei der Überquerung! Gerade an Wochenende herrscht hier ein reger Ausflugsverkehr, wobei sportbegeisterte Motorradfahrer gerne Kopf und Kragen riskieren.

Auf der anderen Straßenseite gewährt uns eine schmale Lücke zwischen den Leitplanken Durchlass, wir

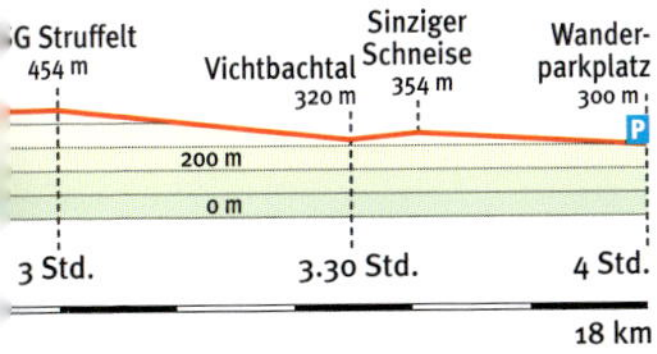

folgen weiter dem Damm neben dem Graben, der sich jetzt durch den Nadelwald schlängelt. Schließlich nähert sich von rechts ein Waldfahrsträßchen dem Damm. Dort, wo die beiden zusammentreffen, verlassen wir den Damm und erreichen einen ehemaligen Wanderparkplatz an einer Straße, die oberhalb der Dreilägerbachtalsperre verläuft und für den öffentlichen Verkehr gesperrt ist.

Da die Dreilägerbachtalsperre ein Trinkwasserreservoir und daher weiträumig abgesperrt ist, kann man kaum bis zum Ufer vordringen. Wir überqueren deshalb den Parkplatz bergabwärts und biegen an seinem Ende rechts in einen Forstweg ein, der leicht ansteigend in den Wald hineinführt. Nach etwa 100 m lichtet sich der Wald. Nach rechts zweigt der Rotensiefen-Weg ab, wir aber bleiben geradeaus auf dem Grenzweg, der am **Naturschutzgebiet Struffelt** entlangführt, einem Hochmoor, das ein Ausläufer des Hohen Venns ist. An einigen wenigen Stellen kann es über Plankenwege betreten werdem. Hier haben wir mit 453 m auch den höchsten Punkt der Wanderung erreicht (3 Std.).

Bald stoßen wir auf den rechts abzweigenden, asphaltierten Weg A2 (Markierung befindet sich nicht unmittelbar an der Abzweigung), in den wir rechts abbiegen. Wir folgen ihm durch eine Linkskurve, ohne uns um Abzweigungen zu kümmern, und halten nun in fast gerader Flucht auf **Rott** zu und gehen im Ort auf der Straße Zum Struffelt in Richtung der Durchgangsstraße. Wir erreichen sie bei einer Sitzgruppe, die von einer Kastanie und einer Eiche beschirmt wird, und gehen links, Richtung Ortskern. Etwa in Höhe der Kirche stoßen wir auf die Quirinusstraße, der wir nach links folgen.

Bald biegt rechts die Straße nach Aachen ab, die uns wieder mit leichtem Gefälle hinab ins Tal des Vichtbaches führt. Durch mehrere teils enge Kurven verlassen wir den Ort. Schließlich überqueren wir die Brücke über den Vichtbach und passieren die kleine Siedlung **Rotterdell.** Es geht leicht bergan, bis wir das Ende der Wiese rechter Hand erreicht haben. Hier biegt rechts am Waldrand ein gekiester Wanderweg ab, dem wir folgen. Alle weiteren Abzweigungen nach links und rechts ignorieren wir, und bleiben auf dem durch die Kiesschüttung deutlich markierten Wanderweg. Es geht zunächst mäßig durch den Wald bergan. Wir gehen immer geradeaus, vorbei an der **Schutzhütte** an der **Sinziger Schneise,** bis wir schließlich bei einer Rodungsfläche wieder ins Freie treten: Wir haben wieder die **Siedlung Kitzenhaus** erreicht. Am Waldrand nehmen wir den Weg nach rechts, biegen 20 m später wieder nach links ab und stehen nun auf dem vom Hinweg schon bekannten Weg zum **Wanderparkplatz** in **Friesenrath,** den wir in ca. 20 Minuten erreichen (4 Std.).

Felsen und eine mächtige Burg

Von Nideggen nach Abenden und über Brück zurück

Vom Sitz des einst mächtigen Grafengeschlechts umrundet man zunächst die mittelalterliche Burganlage. Immer wieder bieten frei stehende Felskanzeln atemberaubende Blicke hinunter aufs Rurtal. Ganz allmählich geht es dann hinab zum kleinen Örtchen Abenden, von dort durch das Rurtal zurück nach Nideggen.

DIE WANDERUNG IN KÜRZE

++
Anspruch

2.30 Std.
Gehzeit

10 km
Länge

Charakter: Etwas anstrengende Wanderung auf meist schmalen Waldpfaden, vielfältiges Auf und Ab, im Rurtal dann gut ausgebaute Wege

Wanderkarte: WK 1: 12 500 Nideggen Rur-Eifel

Einkehrmöglichkeiten: In Nideggen und Abenden

Anfahrt: Mit dem **Auto:** Von Düren über Kreuzau nach Nideggen, am Ortsbeginn links Richtung Heimbach und nach 400 m rechts Richtung Zentrum; von Zülpich/Gemünd über Wollersheim und Berg. Im Zentrum an der Kirche/Friedhof parken. Mit der **Bahn:** Bundesbahnstrecke Köln–Aachen bis Düren, weiter mit der Dürener Kreisbahn (DKB) Nideggen-Brück. Die Wanderung kann dann hier beginnen.

Vor der Kirche in **Nideggen** wenden wir uns nach links, auf Burg Nideggen zu. Wir überqueren den letzten Parkplatz vor dem Burginnenhof und biegen unmittelbar hinter der Begrenzungsmauer, beim Schild »Privatdurchfahrt«, auf den Pfad nach rechts ab. Bei einer große Linde (mit dem Schild »Naturschutzgebiet«) beginnt links der Weg 3 des Eifelvereins, der, in etwa auf gleicher Höhe bleibend, durch einen scheinbar verwunschenen Urwald um den Fuß der Burganlage herumführt. Schon bald ist rechter Hand ein freier Aussichtspunkt (mit Geländer) erreicht, von dem wir den Blick über das Rurtal schweifen lassen können.

Ein lichter Eichen- und Buchenwald begleitet uns nun. Bald sehen wir rechts im Hang eine **Felskanzel** (ohne Geländer), die aber nur Schwindelfreie besuchen sollten: Über einen ausgewaschenen Pfad, zeitweise auch über umgestürzte Bäume steigt man ein paar Schritte ab, dann über Wurzelwerk wieder auf. Ein Stück Mauerwerk linker Hand zeigt, das wir uns immer noch im Bereich der alten Burganlage befinden. Vorsicht! Die ungesicherte Felskanzel bricht nach allen Seiten steil ab.

Nach dem luftigen Abenteuer geht es zurück zum Wanderweg. Bei der Sitzbank am Weg oberhalb der

Felskanzel gabelt sich unsere Route, wir folgen der weißen 3 nach rechts. Es geht nun, teils in Serpentinen, teils gut befestigt abwärts. Am Ende des letzten Treppchens stoßen wir auf einen Querweg, dem wir nach links folgen. Hier haben wir einen ersten Tiefpunkt unserer Wanderung erreicht, nun heißt es wieder aufsteigen: Der Weg führt, nun etwas breiter, relativ steil bergan. Wir bleiben weiter auf diesem Weg, der nun die Nummern 3/4 trägt, vorbei an einigen Sitzbänken zur Linken, folgen dem Weg durch eine Rechtskurve, an deren Ende mehrere Wege zusammenlaufen. Wir laufen in etwa gerader Richtung weiter

Hinter einer Linkskurve mit Infotafel gabelt sich der Weg wiederum. Wir wählen den rechten, leicht nach unten führenden Zweig. Ein breiter, teilweise ausgewaschener Weg umrundet eine Felskanzel, von der sich ein freier Blick auf die gegenüberliegende Burg, die Kletterfelsen und das Rurtal eröffnet. Im Fels sind überall Kletterhaken zu entdecken.

Auf leicht ansteigendem Weg geht es nun um weitere Kletterfelsen herum, jetzt wieder der Nummer 2 folgend. Erst kurz hinter einer Weggabelung (hier links), biegt Weg 2 scharf links in den Wald hinein; hier verlassen wir die markierte Route und gehen weiter geradeaus auf dem steil ansteigenden Weg, der sich auch bald darauf in einer Linkskurve zu einem schmalen Pfad verengt. Am Ausgang der Kurve treffen wir wieder auf Weg 2, der links aus dem Wäldchen heraustritt. Wir gehen geradeaus weiter und ignorieren den Abzweig nach rechts. Wir bleiben auf dem breiten Waldweg, bis er sich erneut gabelt. Hier verlassen wir erneut die Markierung Nummer 2 und bleiben rechts auf dem breiten Weg, der uns an den höchsten Punkt der Wanderung bringt (1 Std.).

Ein Jägerzaun rechts zeigt an, dass wir uns wieder auf den Ortsrand von **Nideggen** zubewegen. Wir gehen weiter geradeaus, zwischen den Häusern hindurch bis zur Abender Straße, die von Nideggen hinunter ins Rurtal führt. Auf dem Fahrradweg neben der Straße gehen wir nach rechts, vorbei an einem Autohaus, aus dem Ort hinaus und biegen dann, den Wegzeichen 1, 3 und 10 folgend, rechts in die asphaltierte Nebenstraße Im Kühlenbusch ein.

Diese führt, anfänglich leicht ansteigend, in den Wald hinein, vorbei an mehreren Wochenendhäusern. Auf Höhe des letzten Hauses (Schild »Privatstraße«) gehen wir rechts auf einem schmalen Pfad in den Wald hinein (Weg Nr. 1, später auch 2). Wir passieren einige Felskanzeln, die aber wegen der hohen Bäume keinen freien Blick gewähren. Wir folgen immer den Wegnummern 1 und 2, die sich erst zwischen zwei Felskuppen trennen. Hier folgen wir dem Weg 1 zwischen zwei Felsen bergauf, immer in der Nähe eines Grundstückszaunes. Allmählich tritt der

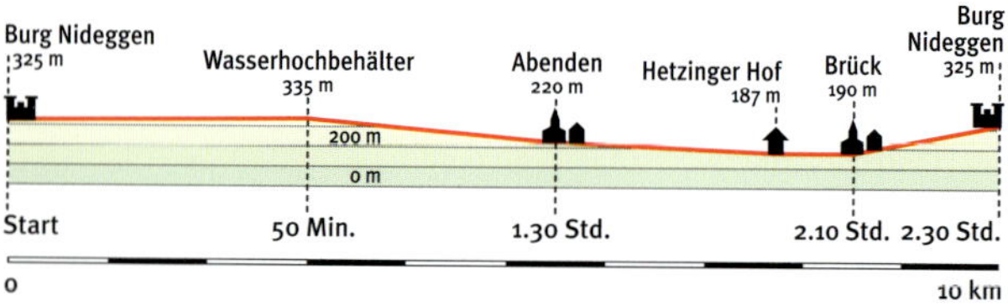

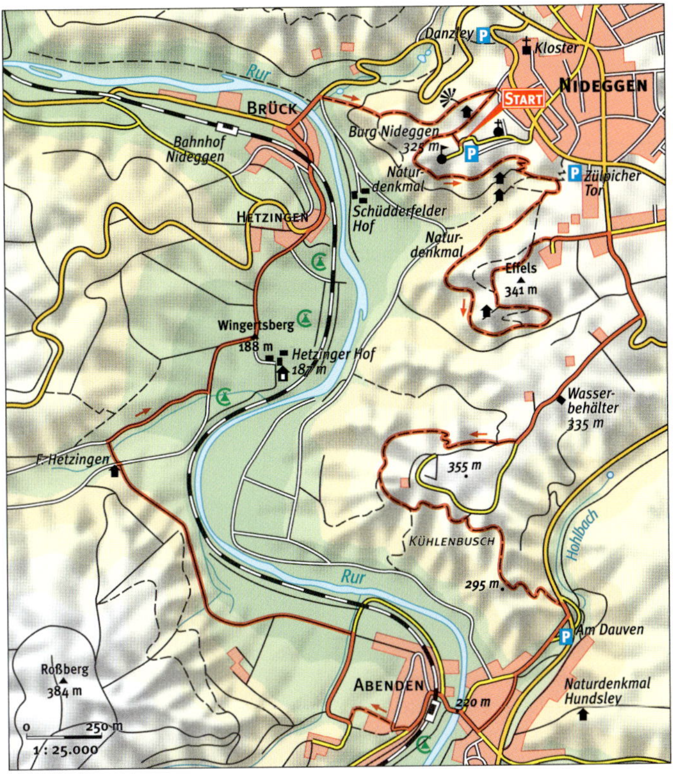

Wald zurück und öffnet hin und wieder den Blick nach rechts. Eine **Bank** bietet Gelegenheit zur Rast. Hier zweigt Weg 1 nach links ab, wir aber folgen dem Weg geradeaus in einen jungen Eichenwald. Hier bleibt er zunächst mehr oder weniger auf gleicher Höhe. Kurze Passagen an steilen Hangabschnitten sind durch Holzstufen gesichert. Zwischen den Eichen finden sich vereinzelt Kiefern und im Sommer, am Wegrand, Blaubeeren. Nachdem sich der Weg etwas gesenkt hat, stoßen wir auf einen Querweg, in den wir rechts einbiegen. Er führt uns geradeaus über eine Kuppe. Im Abstieg schimmert zwischen den jungen Eichen der Ort Abenden durch, im Vordergrund leuchtend blau das örtliche Freibad.

Nachdem wir den Sporn fast ganz umrundet haben, senkt sich der Weg schließlich in Serpentinen den Hang hinab. An Steilstücken ist er durch ein Metallgitter gesichert. Bald wird das Grün entlang des Weges üppiger und wir erreichen die Straße nach Nideggen und, indem wir uns hier rechts halten, den Ort **Abenden** (1.30 Std.). An der ersten Abzweigung gehen wir geradeaus und kommen in den historischen Ortskern. Wir gehen nach rechts, am offenen Mühlbach entlang, Richtung Brücke und überqueren die Rur sowie eine Bahnüberführung linker Hand. Dann bie-

Einst eine mächtige Burg und auch heute noch beeindruckend: Burg Nideggen

gen wir links ins die Konzenstraße ein, halten uns wenige Meter weiter an einer Gabelung halbrechts und folgen der Konzenstraße noch ungefähr 50–60 m. Unmittelbar hinter dem letzten Wohnhaus (Hausnummer 10) auf der rechten Seite (links geht die Bebauung noch ein ganzes Stück weiter) biegen wir bei einem rot-weißen Markierungspfahl nach rechts auf einen Pfad ab, der direkt hinter dem kleinen Betriebsgebäude aus Backstein verschwindet.

Der Pfad führt uns geradeaus den Hang aufwärts durch ein Neubaugebiet. Wir gehen ein Stück nach links in eine Wendebucht, vorbei an einem auffälligen rot-gelben Haus, biegen bei der nächsten Querstraße rechts ab, folgen ihr durch die Linkskurve und nehmen in der nächsten Rechtskurve den Weg Am Rossberg nach links. Der Asphalt endet schon nach wenigen Metern, wir befinden uns auf einem leicht ansteigenden Feldweg. Wir folgen diesem durch eine Rechtskurve, biegen dann nach rechts und beim nächsten Querweg nach links ab. Hinter einer Forstschranke gewinnt der Weg an Steigung. Beim folgenden Querweg gehen wir rechts und nähern uns allmählich wieder der Rur. Rechter Hand liegen, versteckt im Grün, die ersten Campingplätze.

Wir erreichen die ersten Häuser von **Hetzingen** und stoßen auf die Fahrstraße nach Schmitt. Auf ihr gehen wir rechts die wenigen hundert Meter zum Ortsteil **Brück** hinunter (2.10 Std.). Wir überqueren die Rur, biegen direkt hinter der Brücke nach rechts ab, um dem links steil aufsteigenden Pfad zu folgen, der in den Wald hineinführt. Ein hölzerner Wegweiser weist uns Richtung Nideggen. In Serpentinen, teilweise über Steinstufen windet sich der Pfad langsam aufwärts. Beim Schild »Naturschutzgebiet« halten wir uns links, ein paar Schritte weiter nehmen wir rechts den Pfad, der den Berg etwas steiler hinaufführt. Bei der nächsten Wegverzweigung gehen wir links, der Markierung 4 fol-

gend. Direkt oberhalb befindet sich ein frei stehender Fels, an dem man schön die Zusammensetzung des Gesteins studieren kann.

Der Pfad Nr. 4 führt uns zur Spitze eines kleinen Sporns, dann vorbei an einem Felsen mit Stützmauer und Unterstand und einer gefassten Quelle. Bald sehen wir vor uns die ersten Häuser von Nideggen. Hier folgen wir dem rechten asphaltierten Weg, ebenso bei der nächsten Gabelung (jetzt Weg Nr. 3). Tafeln informieren über Nideggens Geschichte, Winterlinden säumen den Weg. Wir erreichen die restaurierte Umfassungsmauer der alten Burganlage und den Fuß des alten Bergfrieds. Nach links zweigt der Weg hinunter zur Kirche von **Nideggen** ab (2.30 Std.).

Tour 6

Wo einst der Kaiser ruhte

Kleine Vennwanderung bei Mützenich

Nur wenige Schritte hinter der deutsch-belgischen Grenze bei Mützenich beginnt das Venn, eine einmalige Moorlandschaft mit ganz eigenem Charakter, die man schnell lieben lernt. Ein Stein soll Kaiser Karl nach einer ausgiebigen Jagd als Ruhebett gedient haben.

DIE WANDERUNG IN KÜRZE

+ Anspruch

3 Std. Gehzeit

13 km Länge

Charakter: Einfache Wanderung, teils auf asphaltierten Wegen, teils auf Pfaden durchs Moor

Wanderkarte: WK 1:25 000 Hautes Fagnes/Hohes Venn/Hoge Venen (Hrsg. ING, Brüssel)

Einkehrmöglichkeit: Keine

Anfahrt: Mit dem **Auto:** Über Monschau, Mützenich Richtung Eupen. Kurz hinter der belgischen Grenze links auf den Parkplatz zum Parkplatzgrenzweg. Keine **Bahn**verbindung

Zugang: Das Hohe Venn ist in Schutzzonen unterteilt, für die unterschiedliche Zugangsbeschränkungen gelten. Teile des Venns sind ganz für den Besucherverkehr gesperrt..

An der Einfahrt zum **Parkplatz** überqueren wir die Straße zu einem Wanderpfad, der in den Wald hineinführt. Über Holzstege wandern wir durch lichten Erlen- und Birkenwald mit knorrigem Wurzelwerk. Bald tauchen die ersten moorigen Stellen neben dem Steg auf. Nach 10 Minuten erreichen wir rechter Hand eine Abzweigung. Wir folgen den Schildern zu »Kaiser Karls Bettstatt« und nach Mützenich (rechts).

Allmählich öffnet sich die Landschaft. Schließlich treffen wir bei einer kleinen Schranke auf einen Wiesendamm, auf dem wir rechts weitergehen. Er wird immer enger und trifft schließlich wieder auf einen Steg, auf dem es nach links in ein Nadelwäldchen geht. Rechter Hand öffnet sich der Blick zu den Häusern von Mützenich. In einen geschotterten Querweg biegen wir links ein, in ein asphaltiertes Sträßchen

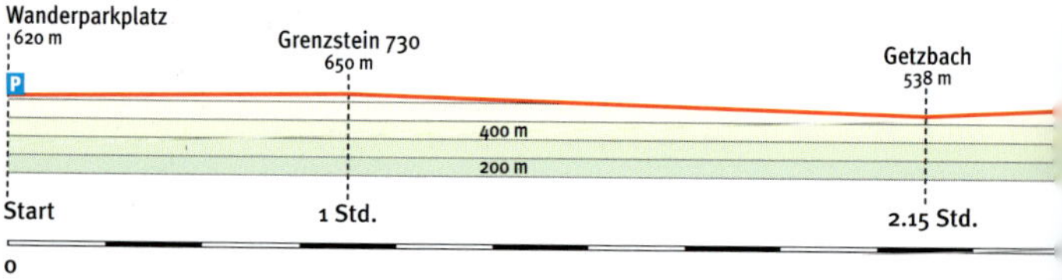

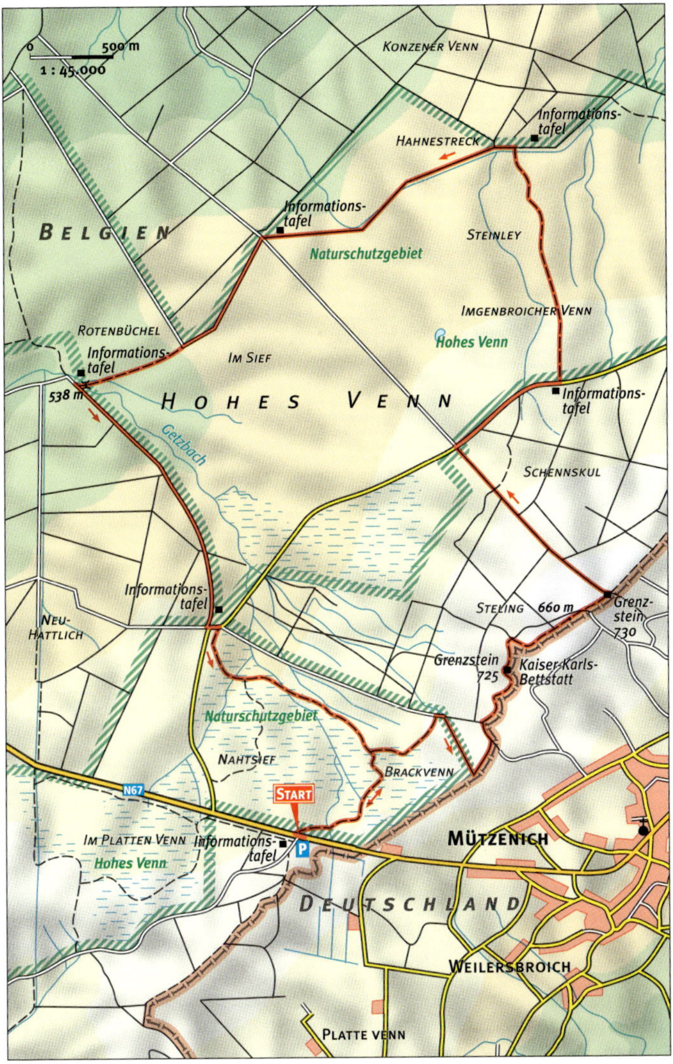

wiederum links. Schließlich erreichen wir bei einer Schutzhütte das **Naturdenkmal Kaiser Karls Bettstatt.** Ein respektabler Felsblock, den man mit ein wenig Phantasie als Liege ansehen kann, stellt jene Bettstatt dar, auf der sich Kaiser

Karl nach einer Jagd zur nächtlichen Ruhe gebettet haben soll.

Zurück an der Hütte halten wir uns links und folgen weiterhin dem geschotterten Weg vorbei an Weideflächen. Gleich darauf biegt der Fahrweg nach rechts. An dieser Stelle führt ein Pfad nach links, dem wir folgen (rot-weiße Markierung). Er bleibt am Rand des Waldes und folgt dabei gleichzeitig dem Verlauf der deusch-belgischen Grenze – mehrere Grenzsteine verdeutlichen dies. Bei einer Sitzbank mit einem kleinen Gedenkkreuz geht der Weg in Asphalt über. Kurz davor biegen wir nach links ab, bleiben weiterhin am Waldrand. Nach etwa 200 m biegen wir an einer Wegkreuzung erneut links ab. Hier finden wir ein Hinweisschild »Königreich Belgien/Staatswald Oberweser« sowie den **Grenzstein 730** (1 Std.). Am rechten Rand einer breiten Schneise geht es leicht bergab. Am Ende der Schneise stoßen wir auf eine Weggabelung. Wir ignorieren den nach links abzweigenden Weg und nehmen den schnurgerade verlaufenden Forstwirtschaftsweg. Durch den Nadelhochwald wandern wir weiterhin geradeaus.

Kurz nachdem der Nadelwald zur Linken aufhört, biegen wir an einer Kreuzung rechts ab. Links befindet sich das Steinley-Venn. Es gehört zur Schutzzone D, die nur auf einem später ausgewiesenen Pfad betreten werden darf. Auf der Asphaltstraße geht es am Rande des Erlen- und Birkenwaldes etwa 10 Min. geradeaus. 200–300 m nach der ersten leichten Rechtskurve des Weges, bei einer größeren Infotafel, nehmen wir links den Pfad, der schnurgerade durch das **Steinley-Venn** führt, das hier im

Reste eines alten Handelsweges führen uns durch das Steinley-Venn

ersten Stück noch Imgenbroicher Venn heißt. Dieser Teil des Hochmoores ist landschaftlich offener und nicht so zugewuchert, immer wieder öffnet sich der Blick auf größere Grasflächen.

Der Weg, teilweise auf Stegen, verläuft ohne Abzweigungen auf der Trasse eines alten Handelsweges, der sogenannten Kupferstraße, auf der in früheren Jahrhunderten Kupfer- und Messingwaren aus dem Stolberger Raum ins Maasland transportiert wurden.

Allmählich wird die Vegetation wieder dichter. Torfmoose, die feuchten Untergrund signalisieren, wachsen neben den Holzplanken. Wir durchqueren ein Birkenwäldchen und biegen links auf einen Wiesendamm ab, der die Schutzzone begrenzt. Mehr als die Hälfte unseres Weges liegt nun hinter uns.

Unser Damm führt durch ein geschlossenes Buschareal und steigt langsam zum Waldrand hin an. Unmittelbar davor queren wir ein asphaltiertes Fahrsträßchen, das die Schutzzone durchschneidet. Wäldchen wechseln sich mit Grasflächen ab, nach einer Kuppe geht es sanft bergab. Schließlich wird der Untergrund feuchter, Holzstege führen über das wasserreiche Gebiet des **Rotenbüchel.** Schließlich begleitet uns sogar ein Bächlein mit dunkelbraunem, torfhaltigem Wasser. Es mündet schließlich in den **Getzbach** (2.15 Std.), den wir auf einer Holzbrücke überschreiten. Am anderen Ufer treffen wir auf einen asphaltierten Wirtschaftsweg, in den wir nach links einbiegen.

Wir wandern auf diesem Weg etwa 20 Min. durch Wald- und Wiesenareale. Bei der zweiten Wegkreuzung folgen wir dem Wegweiser Richtung Konzen nach links. Wir passieren einen kleinen Weiher, biegen nach 30 m rechts ab und unmittelbar neben der Infotafel gleich wieder rechts ins **Brack-Venn.** Über Stege geht es jetzt wieder ins Venn hinein. Bei einer Gabelung folgen wir dem Wegweiser »Parking Grenzweg« nach links. Hecken und Büsche treten näher an unseren Pfad heran, das Gelände wird trockener, rechts und links liegen üppige Moospolster. Schließlich stehen wir wieder an der Wegkreuzung, an der wir nach Mützenich und zu Kaiser Karls Bettstatt abgebogen sind. Hier geht es nun geradeaus auf dem bekannten Weg, der uns in knapp 10 Min. wieder zum **Parkplatz Grenzweg** führt (3 Std.).

Wasser für Eupen

Rund um die Wesertalsperre

Die Wesertalsperre wurde als Trinkwasserreservoir für die Stadt Eupen gebaut. Beliebt ist sie aber auch als Ausflugsziel für allerlei Freizeitaktivitäten. Hat man den Bereich des Seeufers erst einmal verlassen, findet man sich schnell in ruhigen Wald- und Moorgebieten wieder, die diese Wanderung so abwechslungsreich machen.

DIE WANDERUNG IN KÜRZE

++ Anspruch

5 Std. Gehzeit

20 km Länge

Charakter: Ausgedehnte Tour auf guten Wegen durch unterschiedliche Vegetationsformen

Wanderkarte: WK 1:25 000 Haute Fagnes/Hohes Venn/Hoge Venen

Einkehrmöglichkeiten: Nur am Ausgangspunkt

Anfahrt: Eupen ist mit **Bus** und **Bahn** gut zu erreichen; von dort bis zur Sperrmauer am besten mit dem Taxi (ca. 6 km). Mit dem **Auto:** Von Aachen nach Eupen; dort Richtung Monschau, beim Kreisverkehr am Stadtrand von Eupen den Hinweisen »Wesertalsperre« folgen; oder über Monschau und Mützenich Richtung Eupen bis zum Kreisverkehr und ab dort den Hinweisen folgen. Kostenloser Parkplatz (ausgeschildert) jenseits der Sperrmauer.

Ausgangspunkt unserer Tour ist der **Parkplatz** an der Wesertalsperre/Lac de Eupen. Wir gehen am Aussichtsturm vorbei zur **Staumauer** und biegen kurz davor links auf ein geteertes Fahrsträßchen ab. Diesem Sträßchen folgen wir ca. 1,5 km und schwenken dann (beim Schild »Trinkwasservorrat«) in einen schmalen Weg ein, der nach rechts zum Seeufer hinabführt. Nach 30 m biegen wir im spitzen Winkel wieder nach links ab und folgen dem schmalen Pfad immer in Ufernähe.

Nach einer guten halben Stunde erreichen wir die Stelle, an der der Stausee zwei Seitenarme bildet. Hier gabelt sich auch unser Weg, wir nehmen die rechte Abzweigungund bleiben nach wie vor in Ufernähe. Am En-

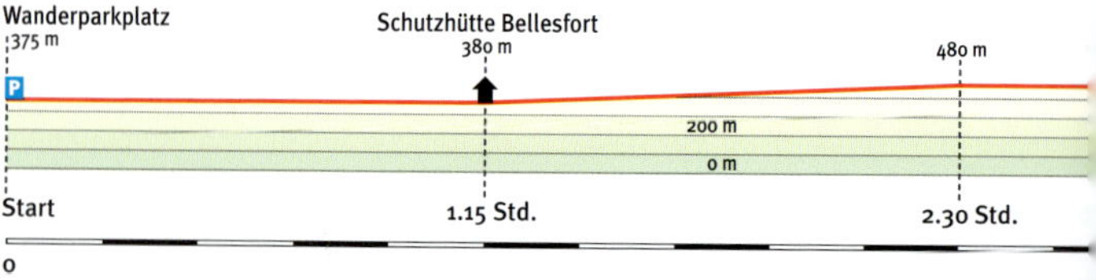

Eines der vielen kleinen Bächlein, die das Hohe Venn entwässsern

de des Seitenarms gehen wir ein kurzes Stück weiter, passieren ein **Gedenkkreuz** und treffen schließlich auf einen etwas breiteren Pfad. Hier biegen wir nach rechts ab und 50 m weiter erneut rechts auf einen etwas undeutlichen Pfad, der direkt hinunter zu dem Bachlauf führt, der den Seitenarm der Wesertalsperre speist. An einer geeigneten Stelle überqueren wir den Bach, der im Sommer in der Regel wenig Wasser führt.

Am jenseitigen Ufer steigen wir in etwa gerader Flucht den mit Nadelhochwald bestanden Hang empor. Nach 50 m stoßen wir am Waldrand auf einen Wildschutzzaun. Hier zeigen sich die spärlichen Spuren eines alten Weges. Wir biegen nach rechts ab und bleiben in der Nähe des Zaunes, solange der Weg erkennbar ist. Danach wechselt man am besten auf den etwa 10 m tiefer verlaufenden Weg, der zurück zur Beuge zwischen den beiden Seitenarmen des Sees führt. Wir wandern weiter am Seeufer entlang, wahlweise auf dem schattigen Waldweg oder auf dem sonnigen Uferweg, bis sich beide Wege am Ufer treffen. Allmählich kommt das Ende des Seitenarmes in Sicht. Das schmale Seeufer verbreitert sich zur feuchten Wiese, und bei einer knorrigen Eiche haben wir schließlich das Ende des Seitenarmes erreicht (1 Std.).

Nachdem wir die Uferwiese hinter uns gelassen haben, wird der Pfad breiter und verläuft durch Nadelhochwald parallel zur Weser – dem namengebenden Zufluss der Wesertalsperre. Nach etwas mehr als 5 Minuten zweigt rechts ein kleiner Pfad über ein Vorwehr ab. Über den Metallsteg überqueren wir die Weser.

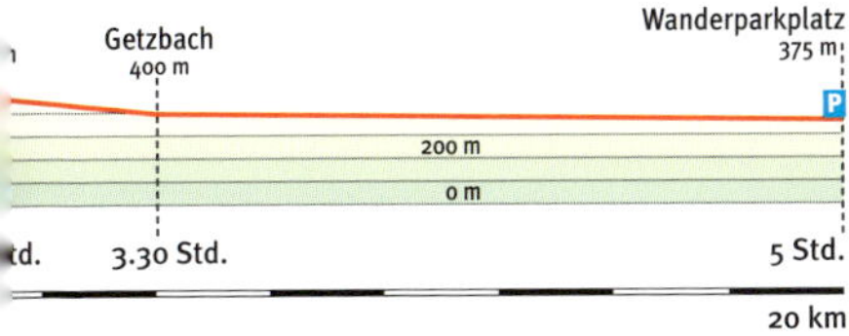

Am anderen Ufer biegen wir nicht nach links ab, sondern folgen den Stufen bergauf bis zu einer Schutzhütte und gehen dort links. Etwa 5 Minuten später erreichen wir auf dem Asphaltweg die **Schutzhütte Bellesfort** (1.15 Std.). Hier wählen wir den Waldwirtschaftsweg, der nach rechts den Berg hinaufführt. Wir wandern durch Buchen- und Nadelwaldbestände und passieren das **Gedenkkreuz** für einen Bernhard Heine, der 1947 an dieser Stelle tödlich verunglückte. Hier endet auch die Steigungsstrecke.

Etwa 5 Minuten später kommen wir an eine kleine Stahlbrücke über den Eschbach. Wir überqueren ihn nicht, sondern biegen unmittelbar vor dem Bach rechts ab und folgen dem grün-weiß markierten Pfad, der parallel zum Eschbach leicht anstei-

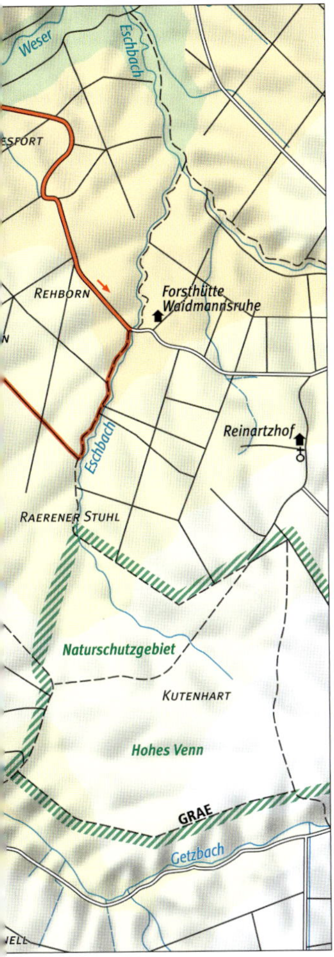

gend in den Wald hineinführt. Wir queren zwei kleinere Zuflüsse des Eschbachs und passieren zwei Schneisen. Bei der zweiten Schneise biegen wir rechts ab. Sie führt zunächst durch jungen Nadelwald, später durch ein Eichenwäldchen. Wir halten uns immer geradeaus, auf die höchste Stelle zu.

Etwa 30 m nach der Kuppe treffen wir auf einen befestigten Querweg, auf den wir scharf nach links abbiegen. Wieder geht es schnurgerade durch den Nadelwald bis zu einem Wege-T, an dem wir uns rechts halten, bei der folgenden Abzweigung nehmen wir links einen holprigen Wiesendamm. Weiter geht es geradeaus, an einem Hochsitz vorbei. Der Weg ist nun asphaltiert, passiert eine kleine Kuppe und trifft wieder auf eine Kreuzung. Hier können wir auf den grasbewachsenen Weg **Richtung Ternell** wechseln (2.30 Std.).

Durch hochstämmigen Buchenwald geht es auf weichem Waldboden immer weiter bergab, bis wir schließlich am Talboden auf einen mit roter Erde befestigten Querweg treffen. Hier biegen wir nach rechts ab und bleiben im Folgenden am diesseitigen Ufer des Getzbachs. Der Weg wird allmählich schmaler und läuft ein Stück über dem Bach am steilen Hang – an einigen Stellen ist daher Vorsicht geboten, vor allem mit Kindern.

Schließlich mündet unser Pfad in einen breiteren Fahrweg, der den Getzbach durch eine Furt quert und zu einem Wehr führt. Wir überqueren es auf einer Metallbrücke und nehmen den asphaltierten Querweg nach rechts. Er führt uns zu einem weiteren Seitenarm des Stausees. Auf der schmalen Asphaltstraße, auf der vor allem am Wochenende viele Radfahrer verkehren, geht es nun fast ohne Höhenunterschiede am Seeufer entlang wieder zurück zu unserem Ausgangspunkt. Freilich zieht sich der Weg, der den weiten Bogen des Sees nachzeichnet, noch ziemlich hin. Ist aber erst einmal die **Staumauer** erreicht, muss man nur noch das kleine Stück hinauf zur **Gaststätte** und zum dahinter liegenden **Parkplatz** zurücklegen (5 Std.).

Abenteuer am Rande des Venns

Vom Naturschutzzentrum zum Wasserfall des Bayehon-Flusses

Auch am Rande des Venns gibt es wunderschöne Strecken, die teilweise wie verzaubert wirken. Abenteuerlich wird diese Tour am Schluss durch den Aufstieg durch das schmale Tal des Ghasterbaches.

DIE WANDERUNG IN KÜRZE

++ Anspruch

3 Std. Gehzeit

8 km Länge

Charakter: Schönes kleines Abenteuer; anfangs über Forststraßen, später aber über rutschige, holprige und anstrengende schmale Pfade. Gutes Schuhwerk und Trittsicherheit erforderlich.

Markierung: Keine durchgehenden

Wanderkarte: WK 1:25 000 Hautes Fagnes/Hohes Venn/Hoge Venen

Einkehrmöglichkeiten: Nur im Naturschutzzentrum am Ausgangspunkt

Anfahrt: Mit dem **Auto** über Eupen und Baraque Michel Richtung Botrange und Naturschutzzentrum. Keine **Bahn-** oder Busverbindungen.

Hinweise: Das ständige Überqueren des Baches über teilweise rutschige Baumstämme und Balken sollte gut überlegt werden. Wer unsicher ist, wird aber immer Stellen finden, wo er trockenen Fußes über das schmale Bächlein wechseln kann.

Vom **Naturschutzzentrum** folgen wir dem breiten und gut ausgebauten Weg, der am Parkplatz vorbeiführt, immer geradeaus in den großen Fichtenwald. Nach etwas mehr als 1 km tritt der Wald rechter Hand zurück und macht Platz für das kleine **Naturschutzreservat Neur Lowé** mit niedrigen Hecken, Buschwerk und vereinzelten Nadelbäumen. Auch auf der linken Seite erstreckt sich bald die offene Venn-Landschaft.

Unmittelbar vor der Straße klärt eine Infotafel über die Gefahren im Venn auf. Hier biegt nach links, parallel zur Straße, ein schmaler Pfad Richtung Vallé de Bayehon mit der

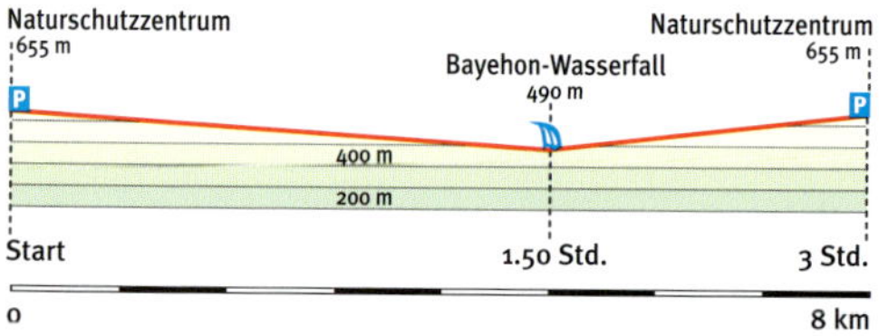

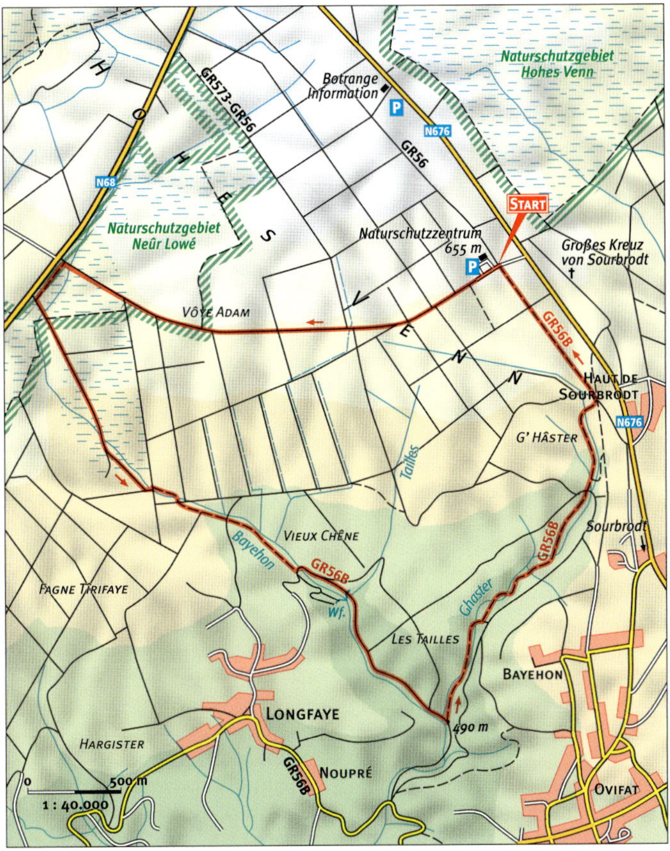

Markierung M6 ab, dem wir folgen. Er mündet auf einen gekiesten Querweg (Forstschranke), in den wir nach links einbiegen. Er führt uns geradeaus in den Fichtenwald. Wir passieren einen Hochsitz, eine Lichtung mit einem weiteren Hochsitz und erreichen nach einer Dreiviertelstunde eine kleine Schneise. (Rechter Hand befindet sich ein Futterplatz im Wald.) Hier weist uns die Markierung M6 nach links auf einem undeutlichen Pfad in den Wald hinein.

Auf dem weichen, mit Wurzeln durchsetzten Boden wandern wir jetzt am Lauf eines kleines Baches entlang immer tiefer in den Wald hinein. Morastige Stellen machen immer wieder deutlich, dass dieser Fichtenwald auf ehemaligem Moorboden gepflanzt wurde. An ganz besonders feuchten Stellen wurden Äste ausgelegt, damit man nicht allzu tief einsinkt. Grundsätzlich ist es möglich, dem Bach an beiden Ufern zu folgen. Wir müssen nur darauf achten, immer möglichst nahe am Ufer zu bleiben. Schließlich erreichen wir eine Stelle, an der der Bach scharf nach rechts abknickt. Von links mündet ein schmaleres Rinnsal in ihn ein. Ein Steg führt ans andere Ufer hinüber, wo wir uns im Gewirr der Pfade weiterhin möglichst nah am Bach halten. Das gilt auch, nachdem wir ihn über eine Betonbrücke sowie einen Waldweg überquert haben.

Der Weg wird steinig, wir kommen in ein niedriges Mischwäldchen, das direkt an eine Vennwiese grenzt. Wir passieren eine alte, knorrige Eiche – die **Vieux Chêne,** ein Naturdenkmal –, überschreiten einen Querweg, wandern durch einen wahren Wald aus Farnkraut. Weiterhin gilt, dass wir stets in Ufernähe bleiben. Der Bach gräbt sein Bett immer tiefer. Mitten im Farndickicht gabelt sich unser Pfad. Wir halten uns rechts, der Weg führt etwas vom Bach weg, verläuft über eine kleine Kuppe.

Schließlich stoßen wir auf einen Querweg. Wir folgen dem **Wegweiser** zum Vallée du Bayehon und den Wasserfällen geradeaus (1.15 Std.), jetzt wieder mit Markierung M6. Vor uns auf der Höhe sind die Häuser von Ovifat zu sehen. Schließlich sehen wir links nur ein paar Meter unterhalb in der kleinen Schlucht den **Wasserfall des Bayehon-Baches**.

Wir gehen geradeaus weiter über die Kuppe, klettern den holprigen, rutschigen Weg bergab, biegen auf einen Querweg links ab und überqueren den Bach auf einem Holzsteg. Auf dem Schotterweg wandern wir weiter nah am Bach entlang Richtung Moulin de Bayehon. Unmittelbar hinter einer kleinen Brücke über den Gasterbach (hier haben wir den tiefsten Punkt der Tour erreicht, der Weg macht hier eine Kurve nach rechts) biegen wir links auf einen Pfad bergauf in den Wald hinein. Gleich darauf queren wir den Bach erneut auf einem **Holzsteg** (1.50 Std.).

Von nun an wird der Weg deutlich abenteuerlicher: rutschig, steinig und uneben. Wurzeln schlängeln sich über den Weg. Ab und zu muss der Bach auf Holzstegen überquert werden. Man sollte sich die Zeit nehmen, die wild-romantische Schönheit dieses Tals zu genießen. Die Wegzeichen und die Devise, immer nah am Bach zu bleiben, helfen bei der Orientierung. Vorübergehend tritt der Weg aus dem Wald hinaus, wir passieren einen Skihang an seinem unteren Ende. Es geht weiter am Bach entlang, bis wir bei den Anfängen eines Trimm-dich-Parcours ein letztes Mal über den Bach nach rechts wechseln; hier halten wir uns bei der Wegverzweigung links und kommen langsam weg vom Wasser. Es geht geradeaus den Hang hinauf und bei einem Querweg links. In einer Linkskurve des Weges folgen wir dem Trimm-dich-Parcours rechts weiter bergan, überqueren den Bach schließlich über einen breiten Bohlensteg und halten uns bei der folgenden Wegverzweigung abermals links.

Fahrgeräusche verraten uns, dass wir uns in der Nähe der Fahrstraße von Baraque Michel nach Sourbrodt befinden. In einer Linkskehre der Trimm-Dich-Strecke folgen wir den etwas undeutlicheren Wegspuren geradeaus. Kurz danach stoßen wir am Waldrand auf einen Wirtschaftsweg, gehen etwa 40 m nach rechts, und biegen dann auf den ersten Weg nach links ab. Auf steinigem Untergrund geht es jetzt am Rande einer Freifläche zügig und fast geradlinig auf das Naturschutzzentrum zu. Morastige Stellen im Wald werden auf dem schmalen Parallelweg im Wald umgangen. Wir treten aus dem Wald heraus und stehen unversehens wieder am Parkplatz des **Naturschutzzentrums** (3 Std.).

Die Schönheit des Venns

Von Baraque Michel entlang der Hill

Dies ist eine Liebeserklärung: Wer das Hohe Venn von seiner schönsten Seite kennen lernen will, sollte es im Herbst an einem sonnigen Morgen besuchen. Wenn die Frühnebel aufsteigen, wirkt es wie verzaubert. Dann kann man Stunden damit verbringen, die sich stets wechselnden Konturen der Landschaft zu beobachten.

DIE WANDERUNG IN KÜRZE

+ Anspruch

4 Std. Gehzeit

14 km Länge

Charakter: Einfache Wanderung auf meist gut zu gehenden Stegen oder Schneisen, allerdings mit einigen feuchten oder morastigen Stellen. Einfache Orientierung.

Ausrüstung: Fernglas, feste Wanderstiefel, besser noch Gummistiefel

Wanderkarte: WK 1:25 000 Haute Fagnes/Hohes Venn/Hoge Venen

Einkehrmöglichkeiten: Nur am Ausgangspunkt

Anfahrt: Mit dem **Auto** von Eupen Richtung Malmedy, am Parkplatz Baraque Michel den Wagen abstellen. Keine **Bahn**verbindung.

Hinweise: Das Schutzgebiet Hohes Venn ist in verschiedene Schutzzonen unterteilt, für die jeweils unterschiedliche Zugangsbeschränkungen gelten. Zu bestimmten Zeiten sind Teile des Venns ganz für den Besucherverkehr gesperrt. Vor dem Start empfielt es sich daher, Erkundigungen einzuziehen (Tel. siehe S. 6).

Auf dem Parkplatz **Baraque Michel** folgen wir bei der großen Infotafel den Schildern Eupen und Rundwanderweg nach rechts. Der Weg ist gut ausgebaut, der Untergrund trocken und fest. Schon nach etwa 150 m biegen wir links auf einen Plankensteg zum **Priorkreuz** ab, kehren dann aber wieder zurück zum alten Pfad. Rechter Hand steht ein alter preußisch-belgischer **Grenzstein.** Wir wandern in das Venngebiet **Les Potales** hinein und biegen bei einer Wegkreuzung links ab auf den Rundwanderweg, der uns auf einem Plankensteg in die typische Sumpfgraslandschaft des Venns führt. Besonders reizvoll ist dieser Weg an einem sonnigen Herbstmorgen, wenn sich die Frühnebel gerade zu lichten beginnen. Dann wirken alle Formen weich und schemenhaft und geben der ganzen Landschaft etwas Entrücktes.

Nach gut 1,5 km stoßen wir auf einen Querweg und halten uns links. Ohne weitere Wegabzweigungen führt uns der Holzplankenweg nun fast schnurgerade in eine flache Senke hinein. Wir überqueren die **Hill,** die etwas weiter oben entspringt, und passieren einen weiteren Grenzstein. Am tiefsten Punkt der Senke halten wir uns rechts und wandern nun immer gen Osten, der wärmenden Sonne zu. Nach etwa 3 km häufen sich linker Hand abgestorbene Baumstümpfe und tote Äste. Nur Birken und Fichten gedeihen in dieser Gegend; ihre Wurzeln durchsetzen den Weg, der dann und wann den Plankensteig ablöst.

Bei einer großen Infotafel gehen wir nach rechts auf einer schmalen **Holzbrücke** (1.30 Std.) über die Hill, den Schildern nach Botrange und Baraque Michel folgend. Über weichen Torfboden steigen wir einen kleinen Hang hinauf. Der Boden wird nun sumpfig und nass. Am besten geht man am rechten Rand des Wäldchens entlang. Nach rechts weitet sich der Blick nun über das gesamte Areal, das wir durchwandert haben. Halbrechts wird es vom Signal de Botrange überragt, dem höchsten Punkt Belgiens.

Unser Weg wird zu einer breiten Schneise, die das offene Venn vom Wald trennt. Bei einer Holzbarriere biegen wir nach rechts ab und folgen einer weiteren Schneise. Sie führt auf ein Gatter zu, das die Schutzzone C des Venns abschließt: Hier ist der Zugang nur in Begleitung eines zugelassenen Wanderführers erlaubt. Wir biegen deshalb nach links

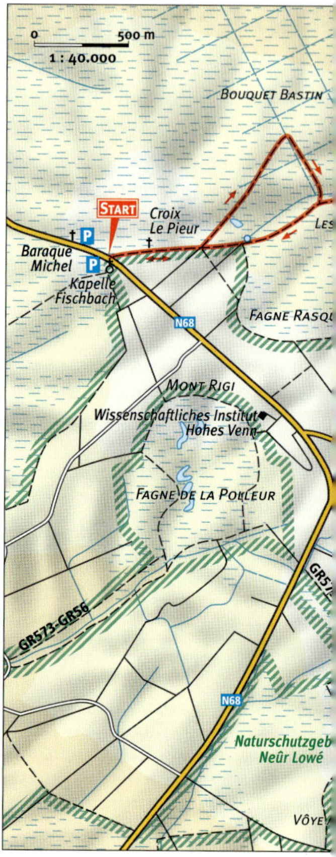

und folgen einer weiteren Schneise. Diese läuft wiederum auf den Waldrand zu, wo der Weg nach rechts schwenkt. Sogleich stehen wir vor einer Weggabelung, wir nehmen den rechten Weg, im Weiteren wieder

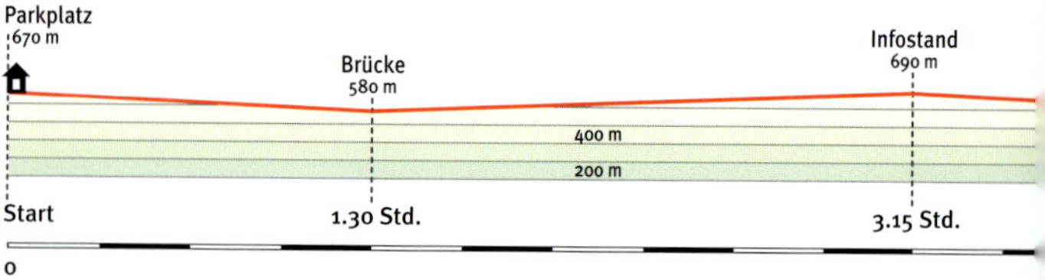

rechts durch eine besonders nasse Stelle.

Wir sind nun einen weiten Bogen ausgegangen, an dessen Ende wir eine lange schnurgerade Schneise sehen, der wir bis zum Ende folgen.

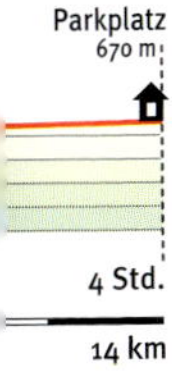

Stege helfen da und dort über den Morast. An einer Abzweigung steht ein 1994 errichtetes Kreuz. Schließlich stoßen wir am Rande eines kleinen Wäldchens auf einen breiten Wirtschaftsweg, in den wir rechts einbiegen, um die Umrundung der Zone C zu vollenden. (Nach links ginge es über die Straße zum Naturparkzentrum mit einer kleinen Cafeteria.)

Etwa am höchsten Punkt des Weges steht ein großer **Infostand** (3.15 Std.). Linker Hand zweigt der Weg zum Signal de Botrange (mit Einkehr-

Weites reizvolles Land, am schönsten an einem Herbstmorgen: das Hohe Venn

möglichkeit) ab. Wir aber gehen weiter geradeaus, nun bald wieder auf einem Holzsteg, immer am Rand der Schutzzone C entlang, bis es nicht mehr weitergeht. Hier nun schwenkt links ein Pfad ab, der auf den hohen Nadelwald zuführt. Über einen Holzsteg führt der Pfad in den Wald hinein und verläuft dann parallel zur Schneise. Über einen weiteren Steg führt er wieder zurück auf die Schneise und auf dieser links weiter. Als Planken-

weg führt er schließlich wieder ins Venn hinein. In der Nähe zweier fast zusammengewachsener Tannen und eines sechseckigen Grenzsteins stoßen wir schließlich wieder auf den Weg, den wir zu Beginn der Wanderung genommen hatten. Diesmal halten wir uns links und folgen immer dem hölzernen Steg, bis er in einen gut befestigten schmalen Weg übergeht, der uns zurück nach **Baraque Michel** führt (4 Std.).

Tour 10

Das Kreuz der Verlobten

Von Botrange über Les Wes ins Polleur-Venn

Wir erschließen uns die reizvolle Vennlandschaft auf eigens dafür angelegten Holzstegen, die uns sicher über alle morastigen und gefährlichen Stellen leiten. Die Geschichte vom tragischen Tod eines jungen Brautpaares erzählt das Kreuz der Verlobten. Ihnen wurde nicht das Moor zum Verhängnis, sondern ein Schneesturm.

DIE WANDERUNG IN KÜRZE

+ Anspruch

3.30 Std. Gehzeit

14 km Länge

Charakter: Einfach; der größte Teil der Wanderung verläuft über die typischen Holzplankenstege.

Wanderkarte: WK 1:25 000 Haute Fagnes/Hohes Venn/Hoge Venen

Einkehrmöglichkeiten: Baraque Michel und Signal de Botrange

Anfahrt: Mit dem **Auto** von Eupen Richtung Malmedy bis zum Parkplatz am Signal de Botrange. Keine **Bus-** oder **Bahn**verbindungen

Hinweise: Das Schutzgebiet Hohes Venn ist in verschiedene Schutzzonen unterteilt, für die jeweils unterschiedliche Zugangsbeschränkungen gelten. Zu bestimmten Zeiten sind Teile des Venns ganz für den Besucherverkehr gesperrt. Vor dem Start daher Erkundigungen einziehen (Tel. s. S. 6).

Vom **Parkplatz Botrange** aus überqueren wir die Straße und gehen auf dem breiten Weg, der im rechten Winkel von der Straße wegführt, auf einen Infostand zu, bei dem sich der Blick auf das Venn öffnet. Hier biegen wir links ab. Wir gehen geradeaus, nun bald wieder auf einem Holzsteg, immer am Rand der Schutzzone C entlang, bis es nicht mehr weitergeht. Hier nun schwenkt links ein Pfad ab, der auf den hohen Nadelwald zuführt. Über einen Holzsteg führt der Pfad in den Wald hinein und verläuft dann parallel zur Schneise. Über einen weiteren Steg führt er wieder zurück auf die Schneise und auf dieser links weiter. Als Plankenweg führt er schließlich wieder ins Venn hinein. In der Nähe

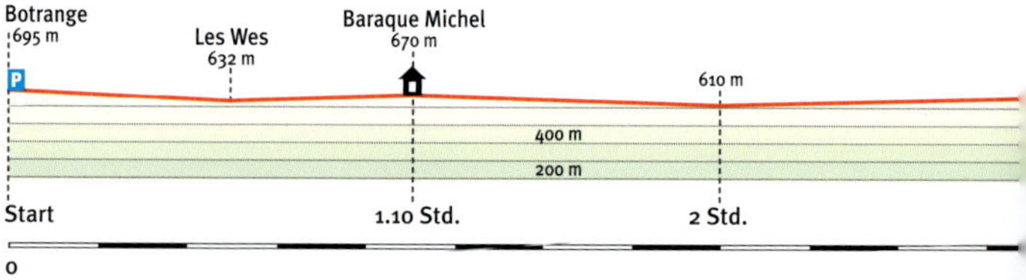

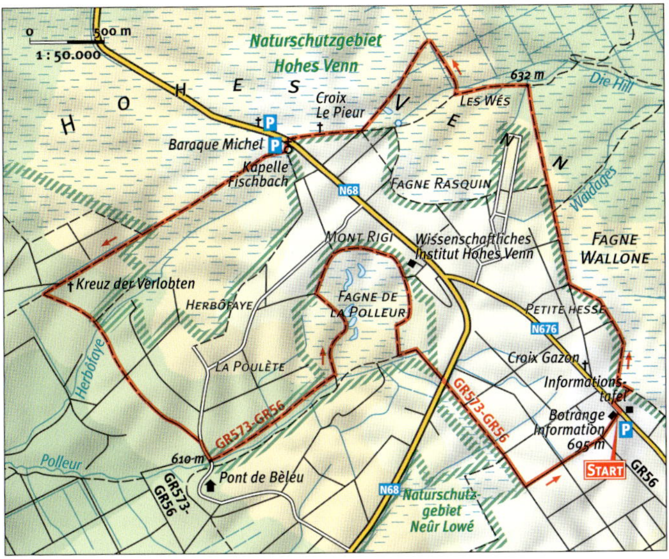

zweier fast zusammengewachsener Tannen und eines sechseckigen Grenzsteins stoßen wir auf einen Querweg. Wir halten uns links und folgen immer dem hölzernen Steg, bis er in einen gut befestigten schmalen Weg übergeht, der uns zum Parkplatz bei **Baraque Michel** führt (1.10 Std.)

In Baraque Michel wechseln wir wieder über die Straße und halten auf die kleine **Fischbachkapelle** zu. Sie wurde 1931 von einem Industriellen aus Malmedy errichtet, um Umherirrenden durch Glockengeläut ein Zeichen zur Orientierung zu geben. Hinter der Kapelle beginnt ein Plankensteg, der uns wieder ins Venn hineinführt. Er schlängelt sich ca. 1,5 km weit durch die mit einzelnen Fichten bestandene Moorlandschaft und geht dann in einen Weg über. Bald darauf treffen wir auf das **Kreuz der Verlobten** (1.30 Std.). Im Gedenken an ein verlobtes Paar, das in einem Schneesturm umkam, wurde hier, beim Grenzstein 151, das Kreuz errichtet.

An der nächsten Wegkreuzung gehen wir links in ein lichtes Mischwäldchen hinein (Markierung Grünes Rechteck und M9). Ein Bach wird auf großen Steinen gemeistert, eine breite Schneise überquert. In einen asphaltierten Querweg schwenken wir rechts ab, nehmen aber kurz vor einer Schutzhütte den Weg nach links ins Schutzgebiet **Fagne de Polleur** (Polleur-Venn; 2 Std.).

Junge Birken und meterhohe Farne säumen unseren Weg, dann treten wir wieder in die offene Venn-Landschaft hinaus. Infotafeln infor-

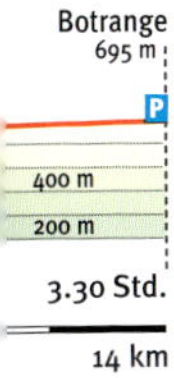

Fast unwirklich schön: das Hohe Venn an einem frühen Herbstmorgen

mieren über geologische Phänomene, Entstehung und wirtschaftliche Nutzung des Moores. An der Verzweigung kurz hinter einem Geröllfeld halten wir uns links. Der Lehrpfad führt in einem Kreisbogen durch das Moorgebiet des Polleur-Venns, da und dort mit kleinen Abstechern, z. B. zu einer meteorologischen Mess-Station der Universität Lüttich.

Nachdem wir den Kreisbogen etwa zu drei Vierteln vollendet haben, folgen wir am Rand eines Fichtenwäldchens einem schmalen Plattenweg nach links, gehen noch einmal links und beim folgenden Querweg nach rechts. Wir überqueren die Straße Eupen–Malmedy und nehmen den Steg, der am Rand des **Neur Lowé-Venns** entlangführt, bis uns der Wegweiser nach links schickt. In schnurgerader Linie geht es nun, teilweise auf Wegen, teilweise auf Bohlenstegen zum **Signal de Botrange,** wo ein aufgeschütteter Hügel Belgien die 700-Meter-Marke beschert. Gleich dahinter stoßen wir auf den **Parkplatz** (3.30 Std.), auf dem wir unser Fahrzeug abgestellt haben.

Das Moor

Kaum eine Naturlandschaft beflügelt die menschliche Angst und damit die Phantasie so wie das geheimnisvoll-gefährliche Moor. Kein Wunder also, dass auch das Hohe Venn voller Geschichten steckt: Geschichten von Verschwundenen, von Verirrten und Gestorbenen, aber auch von glücklich Geretteten und von Rettern. Und nicht immer ist das Moor schuld am Tod, wie es etwa die Geschichte vom Kreuz der Verlobten erzählt. Dieses Paar machte sich an einem Wintertag auf, um die Papiere für die Hochzeit zu besorgen. Irgendwo auf dem Weg durch das Venn wurden sie von einem Schneesturm überrascht, schließlich verloren sie einander noch aus den Augen. Man fand ihre Leichen erst im nächsten Frühjahr, ein ganzes Stück auseinander. Nicht einmal im Tode waren sie vereint. Vielleicht ist es gerade diese dunkle Seite des Moores, die es so eigenartig anziehend macht. Wer an einem schönen Herbstmorgen bei Frühnebel ins hoffentlich noch einsame Venn aufbricht, wird fasziniert sein von der Schönheit dieser Landschaft.

Eifelperlen

Durch das Tal des Perlenbaches

Hier wurde tatsächlich einmal nach Perlen gefischt! Wanderer können heute andere Schätze entdecken: die Narzissenwiesen, die das Tal Anfang Mai in ein Blumenmeer verwandeln.

DIE WANDERUNG IN KÜRZE

\+ Anspruch

3 Std. Gehzeit

13 km Länge

Charakter: Einfach; mit Ausnahme einer Passage am Anfang und kurz vor Ende meist gut befestigte Wirtschaftswege durch eine reizvolle Tallandschaft

Markierung: Keine durchgehende

Wanderkarte: WK 1:25 000 Monschauer Land/Rurseengebiet (WK 3 des Eifelvereins)

Einkehrmöglichkeiten: Nur in der Perlenbacher Mühle am Ausgangspunkt

Anfahrt: Mit dem **Auto:** Über die A44 bis Autobahnkreuz Monschau-Lichtenbusch, dort auf die Monschauer Landstraße (L233), dann über die B 258 durch Monschau, Heidgen und Höfen. Hinter Höfen in die Straße Im Sief rechts Richtung Alzen. In Alzen nochmals rechts zur Perlenbacher Mühle (Parkplat). Keine **Bus-** oder **Bahn**verbindungen

Zugangsbeschränkung: Ein Teil dieser Wanderung berührt das Gebiet des belgischen Truppenübungsplatzes Elsenborn. Über Beschränkungen informieren Tafeln. Spätestens am Großen Stern erfährt man, ob es nötig ist, das belgische Gebiet zu meiden.

Wir beginnen unsere Wanderung gegenüber dem Parkplatz an der **Perlenbacher Mühle.** Der schmale Waldweg führt zunächst am Bach entlang durch schattigen Nadelwald. An einer ersten Wegkreuzung überqueren wir einen breiten Waldwirtschaftsweg in gerader Richtung und folgen dem Schild Richtung Fuhrtsbachtal.

Allmählich entfernt sich der Weg vom Bachlauf in der Mitte des Tals, der Nadelwald zur Rechten und Linken weicht bald lichtem, jungem Buchenwald. Wir halten auf eine Kuppe zu und biegen kurz davor rechts in einen Asphaltweg ein (30 Min.), der uns geradeaus auf den **Fuhrtsbach** zuführt. Wir überqueren den Bach auf einer Holzbrücke und gehen bei der folgenden Wegkreuzung links auf einen breiten geschotterten Waldwirtschaftsweg.

Er führt uns am Waldrand entlang und taucht schließlich in den Wald ein. An den beiden folgenden Weggabelungen halten wir uns links,

kurz darauf wählen wir die rechte Gabel und gehen ein Stück auf Asphalt durch den noch relativ jungen Mischwald. Schließlich biegt das Asphaltsträßchen nach rechts ab, wir wandern geradeaus weiter Richtung Wahlerscheidt. Im Folgenden halten wir uns links, überqueren ein Bächlein und gehen dann bei einem Querweg rechts durch den Wald. Wir bleiben auf dem deutlich gespurten Weg, bis er auf einen Asphaltweg trifft, in den wir rechts einbiegen. Links und rechts des Weges stehen Tümpel in den Wiesen, es geht gemütlich bergauf.

Schließlich treffen wir mitten im Wald auf den **Großen Stern,** an dem sich 5 Wege treffen (1.45 Std.). Hier gehen wir geradeaus weiter und haben unversehens die Grenze zu Belgien überschritten. Wir halten auch im Folgenden die Richtung, der Asphalt unter unseren Füßen ist kaum mehr wahrnehmbar. Schließlich treten wir aus dem Wald heraus, wan-

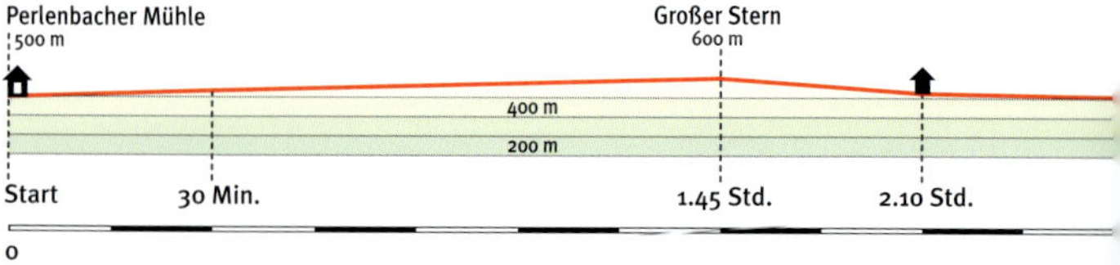

dern talwärts und queren ein schmales Bächlein. Auf der anderen Seite treffen wir auf einen gut ausgebauten Wirtschaftsweg und biegen nach links ab. Noch ein kleines Stück bergab und schon befinden wir uns im Tal des **Perlenbaches** (2.10 Std.).

Wir überqueren ihn nicht, sondern folgen dem Weg, der sich am rechten Rand des Tals in weiten Bögen entlangschlängelt. Erst beim nächsten Querweg wechseln wir ans andere Ufer und folgen dort der Richtung Perlenbachermühle und Höfetalsperre. Diesem Weg folgen wir nun ca. 3,5 km immer am Hang über dem Perlenbachtal entlang, bis wir die Straße erreichen, die uns nach rechts zurück zum Parkplatz an der **Perlenbacher Mühle** führt (3 Std.).

Hier wurde wirklich einmal nach Perlen gefischt

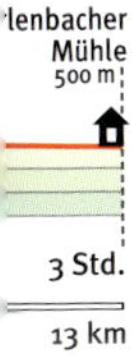

Endlose Wälder im Nationalpark

Vom Parkplatz Wahlerscheid zum Wüstebach

Die ausgedehnten Waldflächen westlich der Dreiborner Hochfläche lernen wir auf diesem Weg kennen. Eine ganze Ansammlung merkwürdig verwachsener Bäume sind nicht der einzige Reiz der Tour.

DIE WANDERUNG IN KÜRZE

++ Anspruch

4 Std. Gehzeit

14 km Länge

Charakter: Unschwere Wanderung, zum Teil über gut befestigte Forstwege und -straßen, im Mittelteil schmale Pfade

Markierungen: Im Bereich des Nationalparks sind die Wege eindeutig markiert.

Wanderkarte: Siehe Hinweis S. 9

Ausrüstung: feste Schuhe

Einkehrmöglichkeit: Keine

Anfahrt: Mit dem **Auto** aus dem Rheinland über A1, bis Ausfahrt Kall, Gemünd, Schleiden, dann über Bundesstraßen über Gemünd, Richtung Monschau bis zum Parkplatz Wahlerscheid (am Feuerwachturm). Von Aachen über Simmerath, Monschau bis zum Wanderparkplatz

Besonderheiten: Das Verlassen der vorgegebenen Wege im Nationalpark ist nicht gestattet. Bitte erkundigen Sie sich bei der Nationalparkverwaltung oder beim zuständigen Forstamt nach dem aktuellen Wegeplan.

Wir starten unsere Wanderung am **Parkplatz Wahlerscheid** in der Nähe des Feuerwachturms. Wir queren die Straße, gehen ein kurzes Stück nach rechts und stoßen dort auf Wanderweg A2 . Wir laufen zunächst auf dem grob geschotterten Waldwirtschaftsweg in den Fichtenforst hinein. An der ersten Abzweigung nach etwa 100 Metern nach links laufen wir geradeaus vorbei. Auch an der nächsten Abzweigung folgen wir der Markierung A2, diesmal leicht nach links. Schließlich erreichen wir eine Kreuzung, an der sich auch ein Holzpfahl mit mehreren Wegmarkierungen befindet. Wir folgen dem Hinweis Richtung Erkensruhr und Einruhr. Neben der Markierung A2 findet sich an unserem Weg nun

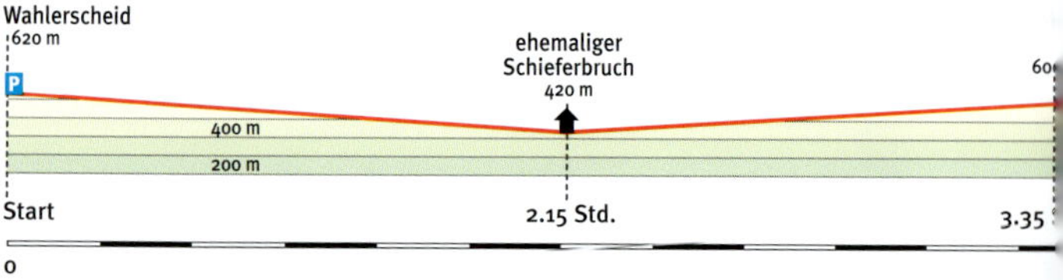

auch das Symbol des Eifelsteiges. Dieses wird uns ein ganzes Stück begleiten.

Mit wenig Gefälle schlängelt sich der immer noch breite Forstweg langsam zu Tal. Das Betreten der Waldflächen links und rechts ist durch Hinweisschilder verboten. In diesem Teil des Nationalparks sollen sich wohl größere Waldflächen ganz natürlich – ohne menschliches Einwirken – von selbst entwickeln. Rinnsale links und rechts vereinen sich allmählich zu einem kleinen Bächlein. Am Ende einer Freifläche rechter Hand macht der Weg eine Rechtskurve; die Bäume treten jetzt wieder näher an den Weg heran. Gleich darauf passieren wir eine Stelle mit gleich mehreren merkwürdig gewachsenen Bäumen. Einige Nadelbäume hier teilen sich weit oben noch mal zu zwei – einer sogar zu drei – Stämmen, eine merkwürdig alt anmutende Eiche ist ganz von Moos überzogen. An der Kreuzung gleich darauf breitet eine **mächtige Fichte** ihre Zweige zeltartig aus, so dass der Wanderer bei schlechtem Wetter (außer bei Gewitter) unter ihr Schutz suchen kann. Wir laufen erstmal noch ein Stück weiter geradeaus (30 Min.).

Der Weg, der nun mehr oder weniger in der Nähe des Bächleins bleibt, bringt uns noch an etlichen Bäumen mit Wuchsanomalien vorbei. An einer Stelle scheinen sogar eine Buche und eine Fichte aus ein und derselben Wurzel zu entspringen. Später beschatten zwei mächtige Eichen den Weg. An der nächsten Wegkreuzung laufen wir noch einmal geradeaus über die Kreuzung hinüber, um gleich bei dem darauf folgenden Wegabzweig den rechten, schmaleren Ast zu wählen.

Der Weg ist nun weitaus schmaler und verläuft die ganze Zeit schattig im Wald, ein Stück oberhalb der Talsohle. Gute 10 Min. nachdem wir den breiten Forstweg verlassen haben, kreuzt ein schmaler Pfad unsern Weg. Wir folgen diesem ausgewaschenen schmalen Steig in Windungen bergab bis zum Bachbett des Wüstebaches, das wir auf einem Holzsteg überschreiten. Am anderen Ufer stoßen wir auf einen Querweg – Richtung Erkensruhr, der jetzt im schattenspendenden Wald immer in der Nähe des Wüstebaches bleibt. Wir biegen nach links auf ihn ab. Nach einiger Zeit geht es in einer Rechtskurve um eine Gesteinskuppe herum. Wir passieren eine (offene) Forstschranke, überqueren den **Mühlenbach** in einem Linksbogen und stehen gleich darauf vor einem Querweg, der noch die charmanten Überreste einer alten Asphaltdecke erkennen lässt. Wir gehen nach links.

Wenig später führt uns eine Brücke auch noch über den Wüstebach hinüber, wir wechseln somit die Talseite, bleiben aber weiterhin in der Nähe des Baches. Wegzeichen an den Bäumen werden häufiger; unter anderem finden wir auch das Symbol des Eifelsteiges.

Nach kurzer Zeit passieren wir am Wegrand einen zum Naturdenkmal deklarierten, mit einem Gitter verschlossenen ehemaligen **Schieferstollen** (2.15 Std.). Etwas unheimlich wirkt er schon, der kalte Luftzug, der aus dem Inneren des Berges herausweht. Auf der gegenüberliegenden Seite des Ba-

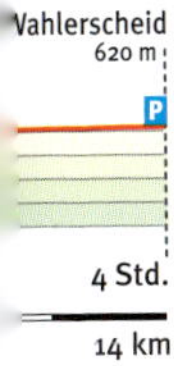

ches kann man am Hang die Abraumhalde der »Leykaul« entdecken, wie im Rheinischen Schiefergebirge Schieferstollen gerne genannt werden.

Das Bachbett des Wüstebaches wird allmählich breiter, der Bachlauf teilt sich, fließt wieder zusammen.

Gleich darauf passieren wir eine **Schutzhütte** und stehen dann an einer Wegverzeigung. Wir verlassen hier nun den Weg am Bach und biegen links ab, der Beschilderung Rothe Kreuz und Dedenborn am Baum linker Hand folgend. Das asphaltierte Sträßchen führt in Serpentinen bergauf. Linker Hand unter uns fließt nun ein kleiner Zufluss des Wüstebaches, der Püngelbach. Es schlängelt sich nun in weiteren engen Windungen bergan. In der ersten scharfen Kurve ist ein idyllischer Rastplatz unter einem **Kreuz der Pilgerfreunde Heimbach/Höfen** eingerichtet.

In dieser Kurve zweigt links ein Pfad ab, auf dem wir ein Stückchen abkürzen können. Es geht stetig, aber gemächlich bergan, bald gehen wir wieder auf Asphalt. In der nächsten scharfen Rechtskurve – ein ganzes Stück später – verlassen wir nun das Sträßchen endgültig und biegen auf den befestigten Weg nach links ein.

Kurz darauf macht unser Weg einen Linksbogen, und die hier zusammentreffende Anzahl an Wegen scheint zunächst etwas verwirrend. Gleich zu Beginn der Linkskurve führt rechts ein Weg den Berg hinauf, wir fogen ihm, aber nur für fünf Meter, dann biegen wir links auf den mit Gras bewachsenen Weg ab. Dieser Weg verläuft hart am Waldrand. Zur Linken breitet sich die liebliche Talaue des Püngelbaches aus.

Bald treffen wir auf eine Wegkreuzung. Hier befindet sich auch ein **Teich.** Wir biegen nach links ab. Der Weg steigt in einer Kurve etwas kräftiger an. Links und rechts des Weges dominiert zu Beginn ein kleiner Eichenwald. Etwa am höchsten Punkt der Kuppe stoßen wir auf einen Querweg, auf den wir nach rechts abbiegen. Ein geschotterter Weg führt entlang einer breiten Schneise durch den Fichtenhochwald, Farn wuchert üppig am Rand. Es geht über eine erste Wegkreuzung hinüber, später über eine zweite, immer weiter geradeaus. Erst dort wo der Wald beiderseits wieder nahe an den Weg herantritt und wo statt des Schotters wieder Asphalt beginnt, biegen wir nach links auf einen schmalen Waldpfad ab. Schon nach wenigen Metern teilt sich der Pfad. Hier halten wir uns rechts. Wir bewegen uns jetzt unmittelbar am Rand des Nationalparks. Der Pfad wird etwas breiter, es handelt sich scheinbar um einen ehemaligen, jetzt aber nicht mehr genutzten Waldweg. Schließlich stoßen wir auf eine Schutthalde, die die Einmündung zu unserem Forstweg versperrt. Gleich dahinter stoßen wir auf einen Querweg, auf diesem Grasweg gehen wir nach links, bis wir an der ersten Kreuzung abermals auf einen Querweg treffen, hier biegen wir nach rechts ab. Wiederum an der nächsten Wegverzweigung folgen wir der Markierung nach links und wenig später dann im fast rechten Winkel nach rechts. Nun geht es schnurgeradeaus bis kurz vor die Bundesstraße. Hier führt ein neu angelegter Weg nach links bis zu der Stelle, wo wir zu Beginn der Wanderung die **Bundesstraße** überquert haben. Noch einmal geht es über diese hinüber und schon stehen wir wieder auf dem **Wanderparkplatz,** auf dem wir das Auto abgestellt haben (4 Std.).

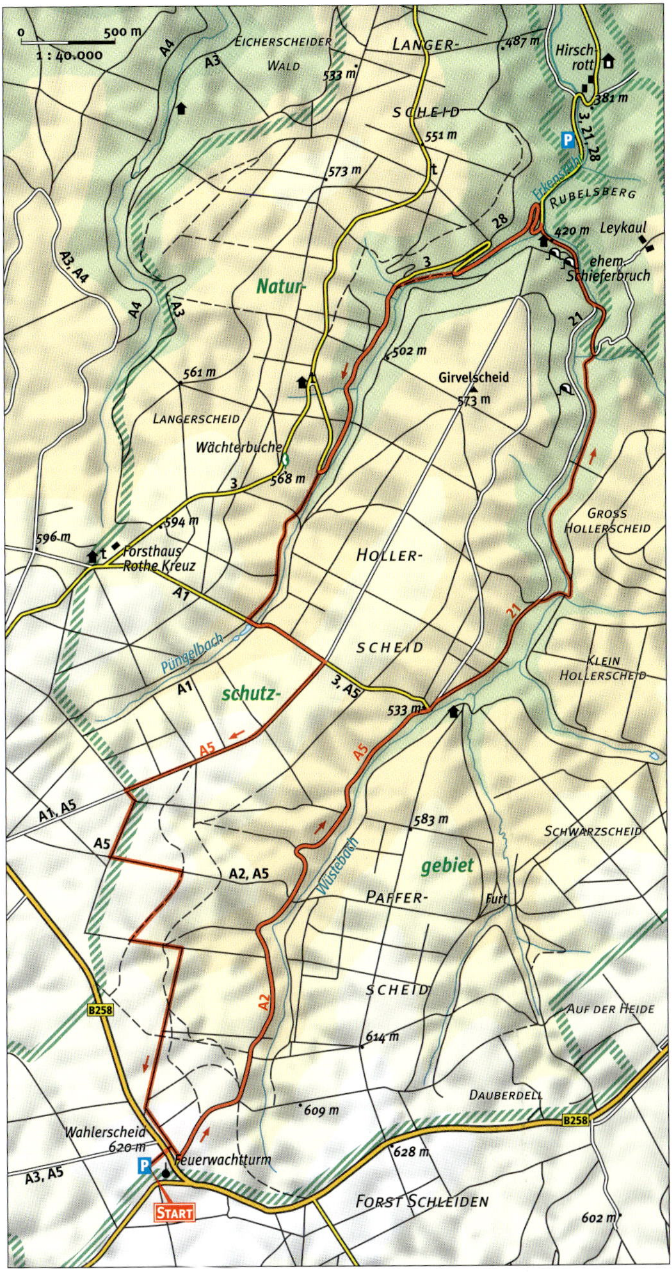
0
500 m
1 : 40.000
Eicherscheider Wald
Langer-
scheid
Natur-
schutz-
gebiet
Langerscheid
Wächterbuche
Forsthaus Rothe Kreuz
Püngelbach
Holler-
scheid
Girvelscheid
Hirsch-
rott
Rubelsberg
Erkensruhr
Leykaul
ehem. Schieferbruch
Gross Hollerscheid
Klein Hollerscheid
Schwarzscheid
Wüstebach
Paffer-
scheid
Furt
Auf der Heide
Dauberdell
Wahlerscheid
620 m
Feuerwachtturm
Start
Forst Schleiden
B258
487 m
533 m
551 m
573 m
381 m
420 m
502 m
561 m
568 m
594 m
596 m
583 m
614 m
609 m
628 m
602 m
A1
A2
A3
A4
A5
A1, A5
A2, A5
A3, A4
A3, A5
3, A5
3, 21, 28
3
21
28

Ein Nationalpark ohne Wald?

Über die Dreiborner Hochfläche

Die kahle und fast baumfreie Dreiborner Hochfläche diente jahrelang dem belgischen Militär als Truppenübungsplatz. Weit kann der Blick von hier oben schweifen. Aber über die folgenden Jahre soll sich hier wieder ein Buchenhochwald entwickeln.

DIE WANDERUNG IN KÜRZE

\+ Anspruch

3 Std. Gehzeit

11 km Länge

Charakter: Einfache Wanderung, zu Beginn und am Ende über eine weite Hochfläche, im Mittelteil Pfade und Waldwege

Markierungen: Im Bereich des Truppenübungsplatzes sind die Wege eindeutig markiert.

Wanderkarte: Siehe Hinweis S. 9

Einkehrmöglichkeiten: Hirschrott

Anfahrt: Mit dem **Auto:** aus dem Rheinland über A1, bis Ausfahrt Kall, Gemünd, Schleiden, dann über Bundesstraßen über Gemünd, Herhahn bis Dreiborn. Von Aachen über Simmerath, Monschau nach Dreiborn. In Dreiborn kurz vor dem Ortsausgang über die Straße »Thol« bis an den Rand des ehemaligen Truppenübungsplatzes

Besonderheiten: Das Verlassen der markierten Wege auf dem ehemaligen Truppenübungsplatz ist streng verboten. Munitionsrückstände machen ein Abweichen von den markierten Wanderwegen lebensgefährlich.

Tipp: Besuchen Sie auch die ehemalige »NS-Ordensburg Vogelsang«, die nicht weit von Dreiborn über dem Urftsee liegt. Hier werden Sie über die Nazivergangenheit der Anlage informiert und über die aktuellen Pläne zur Gestaltung des Nationalparks.

Unsere Tour beginnt an der großen **Infotafel** am Rande des ehemaligen Truppenübungsplatzes. Bei ihr beginnen zwei Wegvarianten; wir nehmen die linke, die uns bis zum südlichen Ende des einstigen Militär-

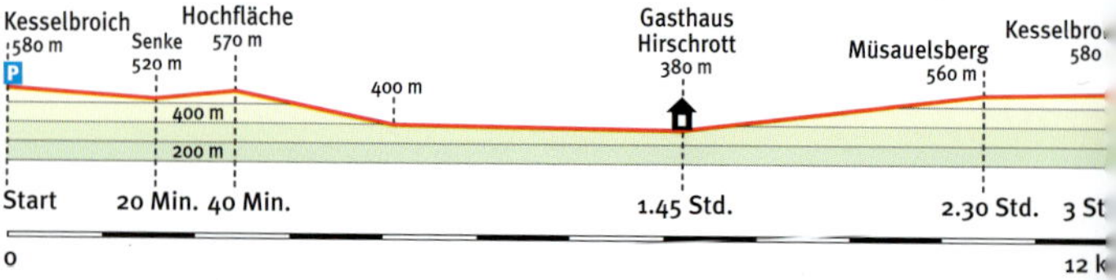

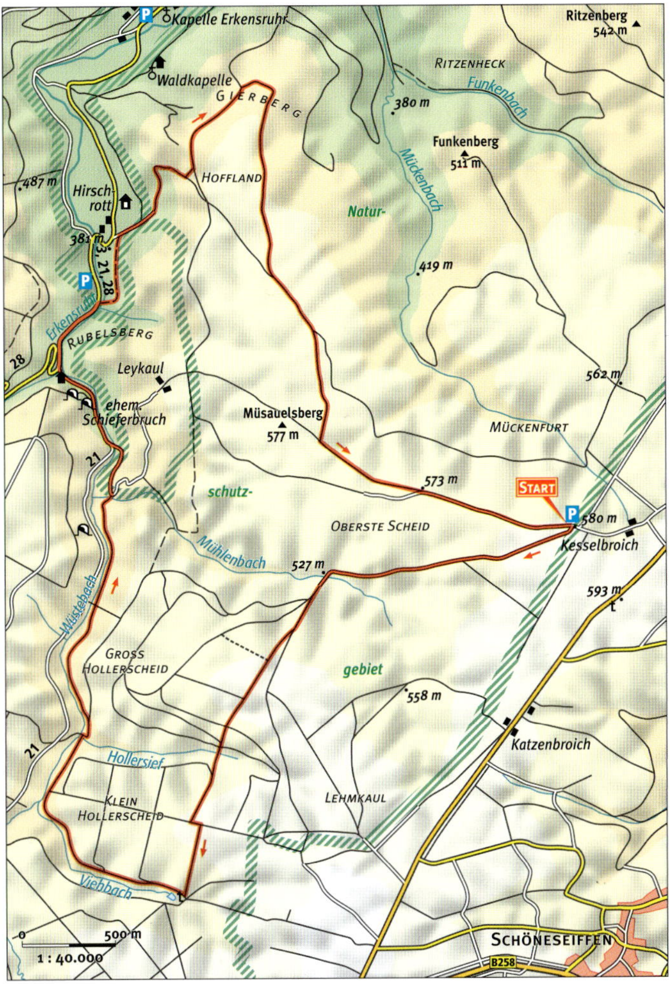

geländes bringen wird. Der Weg ist mit Holzpfählen markiert; an wichtigen Kreuzungspunkten und Routenverzweigungen leiten neu aufgestellte Wegweiser den Wanderer, damit er nicht Gefahr läuft, vom freigegebenen Weg abzukommen. Zu Beginn geht es ein ganzes Stück fast ohne Höhenunterschied über die Dreiborner Hochebene. Weit kann der Blick in alle Richtungen schweifen. Die Hochfläche besteht meist aus Wiesen bzw. heideähnlichen Flächen, unterbrochen von Busch- und Heckenstreifen. Da die Kennzeichnung des Weges ein Verlaufen unmöglich macht, kann sich der Naturfreund ganz auf die Schönheiten der Landschaft konzentrieren. Nur vereinzelte kleine

Waldstreifen hat die belgische Militärverwaltung aus manövertaktischen Gründen stehen lassen.

Allmählich beginnt der Weg, der noch aus der Zeit der Übungsmanöver grob befestigt ist, sich leicht bergab zu senken. Ginster, das Gold der Eifel, säumt ihn. Mit seinem leuchtenden Gelb ist Ginster der auffälligste Farbtupfer im Frühling. An der tiefsten Stelle des Weges stoßen wir auf eine Wegverzweigung, an der gleich **mehrere Wege** zusammentreffen (20 Min.).

Der Weg ganz links ist es, auf dem unsere Tour weiterführt. Es geht jetzt mit mäßiger Steigung ein Stück bergan. Etwa auf dem halben Weg zur Höhe der Kuppe gabelt sich der Weg. Wir nehmen hier den rechts abzweigenden Ast, der uns durch Ginsterhecken weiter bergauf führt. Spätestens wenn wir die Höhe ganz erklommen haben, sollten wir uns einmal umdrehen. Ganz weit in die Ferne kann der Blick hier schweifen, weit über die Grenzen des ehemaligen Truppenübungsplatzes hinaus, weit über die benachbarten Eifelhöhen.

Wir überschreiten die Kuppe, es geht jetzt stur geradeaus, hinunter in eine **Senke**; hier beginnt jetzt der Wald; sogleich geht es wieder ein Stück bergauf. Auf der Höhe stoßen wir auf eine Wegkreuzung. Hier geht es für wenige Schritte nach links, wo sich rechter Hand eine Schneise auftut. Durch diese führt ein Pfad zwischen den jungen Fichtenbeständen links und rechts ganz allmählich wieder bergab. Schließlich tritt der Pfad wieder bei einer Wiese aus dem Wald heraus und wir stehen vor einer Wegkreuzung. Wir halten uns rechts, passieren einen kleinen Weiher linker Hand, der mal als Löschteich angelegt wurde. Gleich führt der Weg wieder in den Fichtenwald hinein. In einem weiten Rechtsbogen folgen wir so dem Lauf des schmalen **Viehbaches** bis hinab ins Tal des **Wüstebaches**, der wiederum später in die Erkensruhr mündet, die den Obersee der Rurtalsperre speist. So weit wollen wir aber heute nicht laufen. Schon nach wenigen Minuten passieren wir eine Stelle, an der links ein Holzsteg über den Bach hinüberführt , wir aber bleiben diesseits, laufen weiter geradeaus und folgen dem Weg Richtung Erkensruhr, der jetzt im schattenspendenden Wald immer in der Nähe des Wüstebaches bleibt. Ohne es zu merken, haben wir das Gelände des Truppenübungsplatzes verlassen. Gesteinsaufschlüsse am Rande des Weges machen uns immer wieder deutlich, dass auch hier der Untergrund hauptsächlich aus Schiefer besteht. Nach einiger Zeit geht es in einer Rechtskurve um eine Gesteinkuppe herum, plötzlich scheint der Bach in die verkehrte Richtung zu fließen. Sind wir nicht die ganze Zeit seiner Fließrichtung gefolgt? Jetzt plötzlich fließt er uns entgegen. Wer aufmerksam war, hat es natürlich gemerkt: Der Wüstebach bog kurz vor unserer Rechtskurve nach links ab, was uns hier entgegenfließt, ist das Wasser des Mühlenbaches, der gleich in den Wüstebach mündet. Wir passieren eine (offene) Forstschranke, überqueren den **Mühlenbach** in einem Linksbogen und stehen gleich darauf vor einem Querweg, der noch die Überreste einer alten Asphaltdecke erkennen lässt. Wir gehen nach links.

Wenig später führt uns eine Brücke auch noch über den Wüstebach hinüber, wir wechseln somit die Talseite, bleiben aber weiterhin in der Nähe des Baches. Wegzeichen an den Bäumen werden häufiger; unter anderem finden wir auch das Symbol des Eifelsteiges.

Nach kurzer Zeit passieren wir am Wegrand einen zum Naturdenkmal deklarierten, mit einem Gitter verschlossenen ehemaligen **Schieferstollen.** Etwas unheimlich wirkt er schon, der kalte Luftzug, der aus dem Inneren des Berges herausweht. Auf der gegenüberliegenden Seite des Baches kann man am Hang die Abraumhalde der »Leykaul« entdecken, wie im Rheinischen Schiefergebirge Schieferstollen gerne genannt werden.

Wir erreichen eine Wegverzweigung bei einer Schutzhütte. Ein asphaltierter Weg führt links bergauf, wir aber bleiben weiterhin unten im Tal. Nur wenige Minuten später lockt uns die Eifelsteigmarkierung auf eine Holzbrücke nach rechts über den Bach. Auf der gegenüberliegenden Seite geht es im Nadelwald schnell bergan. Es dauert aber nicht lange, dann senkt sich der Weg wieder ab. Bevor er aber das Bachbett wieder erreicht, stoßen wir auf ein asphaltiertes Sträßchen am Beginn der kleinen Siedlung Hirschrott. Wir folgen dem Sträßchen (Zufahrt zum **Gasthaus Waldstube**) bergauf (1.45 Std.). Am Werbeschild des Gasthauses gehen wir rechts vorbei auf den schmalen, hohlwegartigen Pfad, der hier im Wald verschwindet (Markierung des Eifelsteiges). Kurz darauf stehen wir wieder an einer Kreuzung. Links lädt ein breiter, ohne weitere Steigung verlaufender Weg ein, Richtung Erkensruhr oder zur Waldkapelle zu laufen, auch der Eifelsteig folgt dieser Richtung. Wir gehen weiter geradeaus auf dem schmalen Hohlweg ohne spezielle Markierung und ohne Hinweisschild stets bergan. Der Weg schwingt sich in einem leichten Linksbogen den Hang hoch. Plötzlich eine scharfe Kehre nach rechts und nun lässt sich auch schon wieder die offene Hochfläche erahnen. Am Rand des Waldes stoßen wir erneut auf die bekannten Holzpflöcke. Sie führen ein kleines Stück am Waldrand entlang, dann links von ihm weg. Ein Stück zwischen einzelnen Büschen bergan, schon stehen wir an einer Wegverzweigung. Zunächst halten wir uns links, der Beschilderung »Erkensruhr« folgend. Knapp 400–500 m geht es weiter, rechter Hand von Buschwerk begleitet, linker Hand vom Waldrand. Wir kommen wieder an einen Querweg, hier entscheiden wir uns, nach rechts Richtung Dreiborn zu laufen.

Durch eine ausgedehnte Ginsterfläche geht es nun allmählich auf die freie Hochfläche. Bald sehen wir auf der Kuppe vor uns auch schon die Kirche von Dreiborn. Bei der nächsten Weggabelung halten wir uns rechts; der Weg führt durch ein kleines Fichtenareal, wieder hinaus in offenes Wiesenland. Eine ganze Weile folgen wir dem Weg über die Hochfläche, und an etwaigen Abzweigungen orientieren wir uns weiterhin an Holzpfählen. Linker Hand am Horizont können wir auch schon den Einschnitt erkennen, an dem wir zu Beginn der Wanderung gestartet sind. Eine Abzweigung wird passiert: Rechts ginge es nach Erkensruhr, wir aber laufen weiter geradeaus, unser Ziel nun immer deutlicher vor Augen. Noch einmal, kurz bevor wir das Auto erreichen, lassen wir den Blick schweifen, nach links hinüber, über das bewaldetet Tal. Es ist leider nicht einsehbar, doch hier befinden sich der Urftstausee und die darüber gelegene Ordensburg Vogelsang. Nach insgesamt drei Stunden Wanderzeit erreichen wir unseren **Ausgangspunkt.**

Tour 14

Ins Herz des Nationalparks

Von Gemünd durch den Kermeter und den Olefer Kirchwald

Von Gemünd, am Rande des Natioalparks Eifel gelegen, geht es auf markierten Wegen hinein in das Herz des Nationalparks. Geschichtsträchtig sind die Wege allemal. Auf dem Kohlweg wurde lange Zeit die Holzkohle zu den Eisenhütten im Tal transportiert.

DIE WANDERUNG IN KÜRZE

++ Anspruch

4.30 Std. Gehzeit

19 km Länge

Charakter: Mittelschwere, abwechslungreiche Tour mit mehreren Steigungen

Markierungen: Im Bereich des Nationalparks sind die Wege eindeutig markiert.

Wanderkarte: Siehe Hinweis S. 9

Einkehrmöglichkeiten: In Gemünd und Wolfgarten

Anfahrt: Mit dem **Auto** auf der A 1 bis Abfahrt Wißkirchen. Über B 266 Richtung Schleiden bis Gemünd, weiter Richtung Aachen, nach 200 m rechts, geradeaus über die Kreuzung, dahinter nochmals rechts (Urftseestraße), Parkplatz am Amtsgericht. Mit der **Bahn:** Mit dem RegionalExpress bis Kall, von dort mit dem Bus Richtung Hellenthal bis Gemünd Mitte, Schleiden (sonn- und feiertags nur alle 2 Std.).

Unsere Wanderung beginnt am Amtsgericht von **Gemünd.** Wir gehen links am Gericht vorbei und erreichen über einen Parkplatz das Ufer der Urft. Wir gehen links und überqueren den Fluss auf einer Fußgängerbrücke (Richtung Freibad). Am jenseitigen Ufer halten wir uns sofort links, gleich darauf wieder rechts, nach weiteren 30 m links bergan und 40 m weiter im spitzen Winkel wieder rechts auf dem Wanderweg 2 Richtung Wolfgarten, Kaisereiche.

Noch einmal geht es nach links mäßig ansteigend in den Wald, in dem noch einige Bombentrichter aus dem Zweiten Weltkrieg zu sehen sind. Auf schmalem Pfad wandern wir durch einen Eichenwald bis zu einem Fahrweg, bei dem wir uns nach rechts wenden, weiterhin Richtung

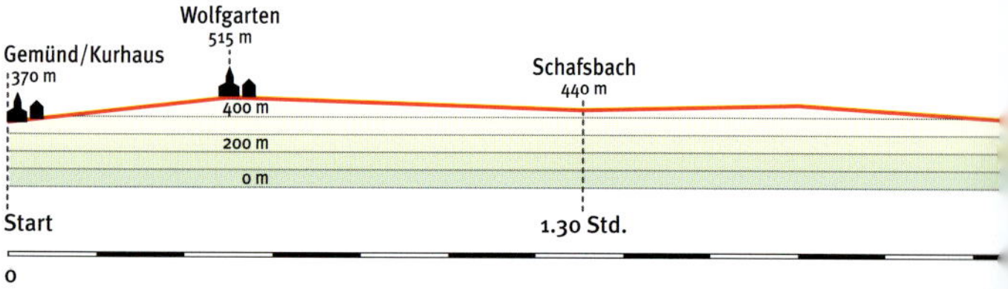

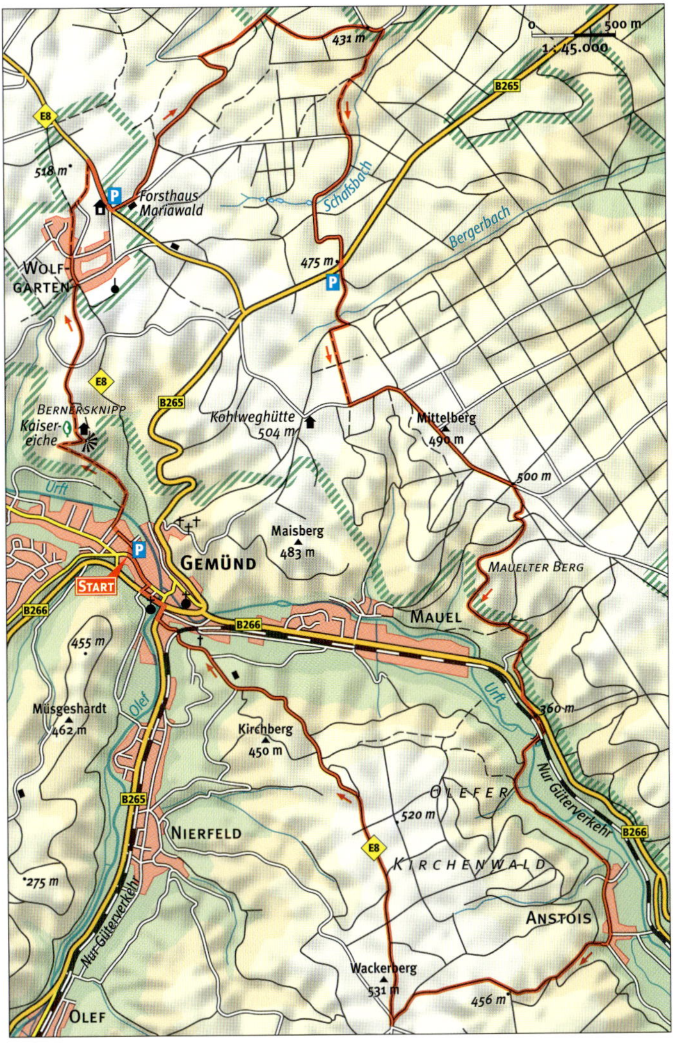
0
500 m
1 : 45.000
431 m
B265
E8
518 m
Forsthaus
Mariawald
Schafsbach
Bergerbach
475 m
WOLF-
GARTEN
E8
B265
BERNERSKNIPP
Kaiser-
eiche
Kohlweghütte
504 m
Mittelberg
490 m
500 m
Urft
Maisberg
483 m
GEMÜND
MAUELTER BERG
START
B266
B266
MAUEL
455 m
Müsgeshardt
462 m
Olef
Kirchberg
450 m
Urft
360 m
B265
OLEFER
520 m
Nur Güterverkehr
B266
NIERFELD
E8
KIRCHENWALD
275 m
ANSTOIS
Nur Güterverkehr
Wackerberg
531 m
456 m
OLEF

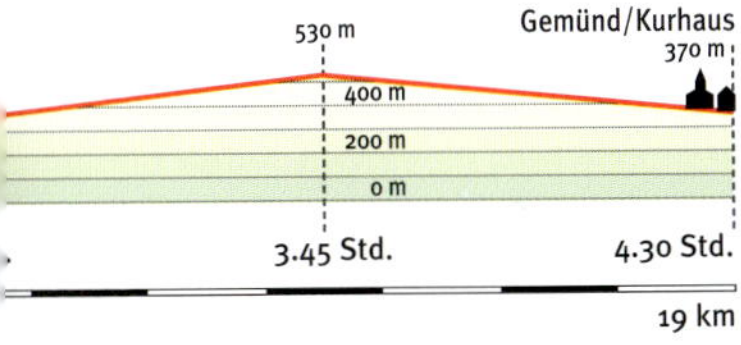
530 m
Gemünd/Kurhaus
370 m
400 m
200 m
0 m
3.45 Std.
4.30 Std.
19 km

Wolfgarten, Kaisereiche. Ein schmaler Pfad führt nach links zur **Schutzhütte Jagdhütte Kaisereiche** auf der **Bernersknipp**, die **Kaisereiche** selbst steht noch ein Stück weiter auf der Kuppe. Sie wurde 1906, anlässlich der Einweihung der Urfttalsperre, durch Kaiser Wilhelm II. gepflanzt.

Wir gehen im Bogen zur Rückseite der Schutzhütte und steigen auf dem breiter werdenden Weg zunächst leicht bergan, überqueren eine kleine Kuppe, kreuzen einen befestigten Fahrweg. Wir gehen durch einen lichten Wald, passieren ein Wildgatter und einen Rastplatz und treffen auf die Straße Zum Stichen, die uns in die kleine Ortschaft **Wolfgarten** (30 Min.) führt.

Wir überqueren eine Straße und gehen auf der anderen Seite durch ein Holztor (Markierung »Hauptwanderweg«). Ein schmaler überwucherter Pfad führt zwischen Gärten und Wiesen leicht bergab in ein Eichenwäldchen. An der Gabelung halten wir uns rechts Richtung Kermeterschänke und gehen geradeaus bis zu dem übermannshohen **Kermeterkreuz**. Der grasbewachsene Weg führt in einem Linksbogen mitten durch eine Wiese, steigt noch einmal leicht an und stößt dann auf die L 249, die wir vorsichtig überqueren. Auf dem parallel zur Straße verlaufenden Wirtschaftsweg wandern wir rechts weiter, wieder auf Wolfgarten zu. Hinter einem Wanderparkplatz berührt unser Weg die Landstraße und wir biegen links auf ein asphaltiertes Fahrsträßchen ab, das zum **Forsthaus Mariawald** führt.

Hinter dem Forsthaus nehmen wir den linken gekennzeichneten Abzweig, einen breiten, gut befestigten Waldwirtschaftsweg. Es geht tiefer hinein in den Kermeter, einen der wenigen Wälder der Eifel, die vom Raubbau für die Holzkohlenherstellung der frühen Neuzeit verschont blieben. Etwa nach einer Viertelstunde seit Wolfgarten macht unser Weg eine scharfe Linkskurve. Etwa 50 Meter weiter zweigt rechts ein mit Hergarten beschilderter schmaler Weg ab. Dieser schlängelt sich durch Fichtenwald, zunächst leicht bergab. dann wieder ein Stück bergan. Dort wo wir rechter Hand auf ein noch junges Fichtenwäldchen stoßen, liegt auch die Grenze des Nationalparks. Unmittelbar hinter dem Wäldchen zweigt rechts ein Weg ab, diesem folgen wir immer am Rand des jungen Fichtenareals entlang. Schließlich stoßen wir im spitzen Winkel auf einen Querweg, dem wir nach rechts folgen. 50 Meter weiter stehen wir an einer Wegkreuzung, hier gehen wir wiederum nach rechts. Dieser Weg führt leicht bergab in eine kleine Senke, wird dahinter immer schmaler und schlängelt sich durch den nun dunklen Fichtenwald. Sobald dieser sich wieder etwas lichtet, stoßen wir auf einen Querweg, wir gehen nach links und können hier den **Schafsbach** plätschern hören (1.30 Std.).

Dem Schafsbach folgt unser Weg nun ein Stück und quert ihn dann. Rechts liegt ein idyllischer Waldweiher versteckt, doch bald stehen wir am Rand der viel befahrenen B 265, die von Köln herkommt. Wir überqueren sie (vorsichtig), passieren einen Waldparkplatz und nehmen den markierten Waldweg, überschreiten bald ein kleines Bächlein. Dahinter stoßen wir auf einen Querweg, wir gehen nach rechts und wenig später nehmen wir den linken Abzweig. Es geht über eine kleine Kuppe hinüber. Kurz nachdem wir den höchsten Punkt überschrittten haben, stoßen wir auf einen etwas breiteren Querweg, den alten **Kohlweg** (2 Std.). Wir wenden uns nach links.

Der Kohlweg war einst ein wichtiger Wirtschaftsweg, auf dem die Holzkohle zu den Hütten des Gemündner Tals transportiert wurde. Bei einer Hütte und den Resten eines alten Feuerwachturms linker Hand im lichten Laubwald biegt der markierte Weg schräg nach rechts ins Tal hinab ab. Wir gehen bergab in weitem Bogen um den Mauelter Berg (linkerhand) herum, immer wieder mit Blick auf die Höhen gegenüber, auf denen das Dorf Morsbach liegt. Schließlich zweigt Weg 3 als »Kutschweg nach Gemünd« rechts ab, wir aber bleiben weiter auf dem breiteren Waldwirtschaftsweg, an der nächsten Gabelung halbrechts. Vorbei am Lager einer Baufirma erreichen wir das **Arenbergische Forsthaus** und dann die stark frequentierte B 266, die wir mit Vorsicht überqueren.

Jenseits der Bundesstraße gehen wir auf dem Fußgänger- und Radweg links und queren dann auch noch die Bahnlinie und schließlich die **Urft** (2.30 Std.). Weiter geht es auf einem Wiesenweg dem Waldrand zu und dann in einer leichten Linkskurve mäßig bergan. Bei einer Weggabelung nehmen wir den linken Abzweig und wandern auf gleichbleibender Höhe über dem Tal des Urftbaches entlang. Unvermittelt stehen wir zwischen den ersten Häusern des Dörfchens **Anstois.** Wir wandern geradeaus hinein, vorbei am Dorfplatz mit drei Linden und einem Kreuz, gehen halbrechts in die Straße zum Fahrenbach und 50 m weiter bei einer Abzweigung der Markierung 1 folgend leicht aufwärts nach rechts.

Wir folgen dem hohlwegartigen Weg und nehmen am Waldrand den linken Abzweig, weiter mäßig steil bergan. Schließlich führt ein schmaler Waldweg weiter bergauf, allerdings immer schwerer zu erkennen. Er nähert sich einem Hügelkamm, läuft ein Stück parallel zum Kamm, unterquert zweimal eine Telefonleitung und stößt schließlich, in der Nähe eines Hauses, auf einen querenden Fahrweg mit der Markierung A1. Hier halten wir uns links, gehen an dem Anwesen vorbei und treffen am Ende der Hecke, die das Grundstück begrenzt, auf ein Wege-T. Im spitzen Winkel geht es nach rechts, 30 m weiter an der nächsten Weggabelung geradeaus weiter (3 Std.).

Allmählich wird der Blick frei auf die gegenüberliegenden Höhen, die Gemünder Waldlandschaft bis zum Hürtgenwald und ins Monschauer Land. Wir wandern hier auf der Höhe des Wackerberges durch den **Olefer Kirchwald.** Unser Wegzeichen ist nun die 5, die uns allmählich talwärts führt. Schließlich treten wir aus dem Wald heraus auf offenes Wiesengelände, und das lang gestreckt im Tal liegende Gemünd wird sichtbar. Links oben auf der Höhe befinden sich ein Funksendemast sowie der Turm der »Ordensburg«, in der während des Naziregimes der »Führernachwuchs« ausgebildet wurde.

In Serpentinen geht es immer weiter zum Ort hinab, vorbei an einem Wasserhochbehälter und einem Aussiedlerhof. Kurz vor den ersten Häusern gibt es noch Gelegenheit für einen kurzen Abstecher zu einem **Hochkreuz** auf einem kleinen Hügel mit Blick über die Dächer des Städtchens. Schließlich endet unser Asphaltsträßchen an einem Parkplatz. Gleich darauf erreichen wir die Durchgangsstraße, an der wir uns zunächst nach rechts halten. Wir überqueren die Olef und kehren zurück zum Amtsgericht von **Gemünd** (4 Std.).

Zur Eifelbasilika

Von Kall zum Kloster Steinfeld

Über Berg und Tal geht es diesmal; auf jeder Höhe lockt eine Sehenswürdigkeit, und die Täler stehen dem in nichts nach. Ruine Stolzenburg und das umliegende Naturschutzgebiet, Römerkanalwanderweg und Kloster Steinfeld sind zweifellos die Höhepunkte der Tour.

DIE WANDERUNG IN KÜRZE

++ Anspruch

4 Std. Gehzeit

16 km Länge

Charakter: Mittelschwere Wanderung mit vielen Steigungen, aber ebenso vielen Sehenswürdigkeiten

Wanderkarte: WK 1:25 000 Nettersheim/Kall im Deutsch-Belgischen Naturpark (WK 5 des Eifelvereins)

Einkehrmöglichkeiten: In Kall und Kloster Steinfeld

Anfahrt: Mit dem **Auto** auf der A 1 bis Abfahrt Wißkirchen, weiter auf die B 266 Richtung Schleiden bis Wallenthal. Hinter Wallenthal nach Kall abbiegen und am Bahnhof parken. Die **Bahn** bietet regelmäßige Verbindungen mit dem RegionalExpress bzw. der Regionalbahn bis Bahnhof Kall.

Wir starten am **Bahnhof** von **Kall.** Den Bahnhof im Rücken wenden wir uns nach rechts Richtung Innenstadt. Wir gehen über die Bahnhofsstraße bis zu einem kleinen Kreisverkehr, halten uns dort rechts, nehmen die Aachener Straße bis zum nächsten Kreisverkehr und wenden uns wieder rechts Richtung Sötenich und Keldenich. Unmittelbar am Abzweig der K 67 nach Keldenich biegt rechts ein Sträßchen (Kroppelspfad) den Berg hinauf in ein kleines Wohnviertel. Auf diesem steigen wir mäßig bergan, laufen an der Lilienstraße, die von links einmündet, weiter geradeaus, um dann an der zweiten Einmündung links in die Akazienstraße einzubiegen.

Bei der ersten Gelegenheit biegen wir nach rechts ab auf einen geschotterten Feldweg und erreichen bei den letzten Häusern des Neubauviertels den Waldrand. Unmittelbar davor biegt links ein schmaler Pfad ab, dem wir nun für kurze

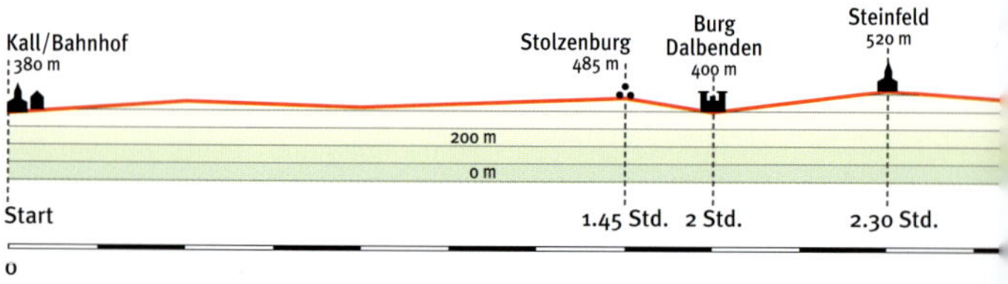

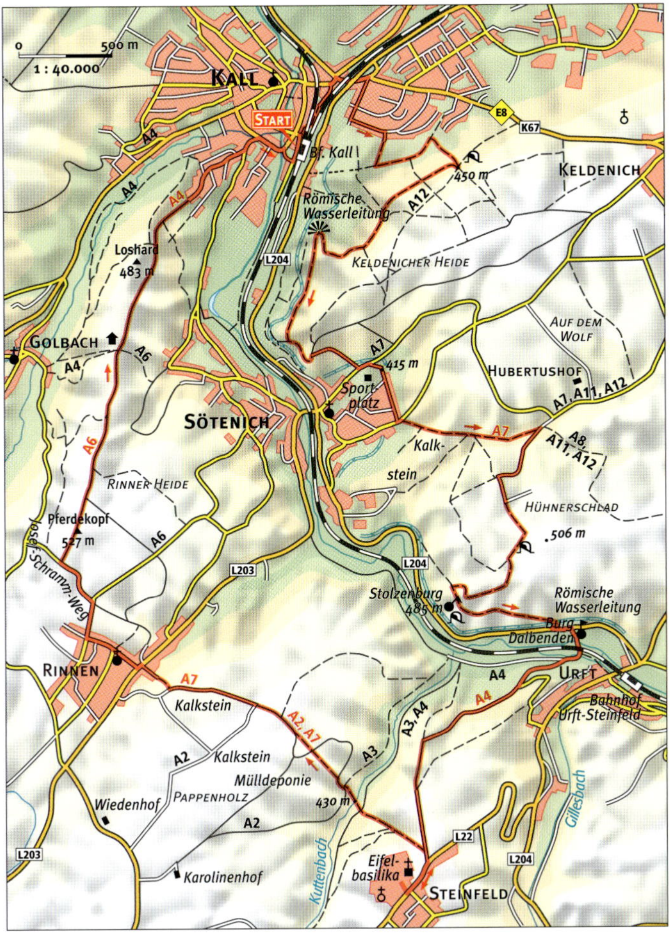

Zeit folgen. Allmählich rückt die Bebauung näher an den Waldrand heran. Dort wo die ersten Häuser fast an den Waldrand reichen, zweigt rechts ein schmaler Pfad den Berg hinauf ab. Wir passieren einen gekiesten Wendehammer, halten uns auf schmalem Pfad weiter bergauf, biegen rechts in einen Waldfahrweg ein und erreichen nach wenigen Schritten den rechts abzweigenden **Römerkanalwanderweg** (Hinweistafel), dem wir weiter in den Wald hinein folgen (30 Min.). Der Weg folgt nach einer scharfen Linksskehre des

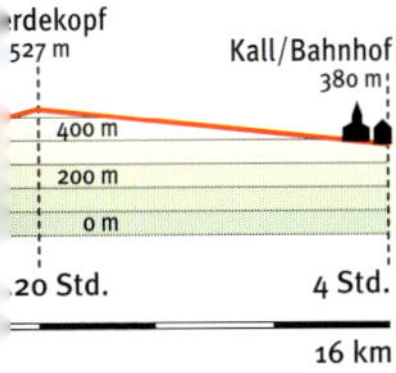

Weges (Ruhebank) in etwa der Trasse der römischen Eifel-Wasserleitung, die etwas weiter im Tal verlief und heute nicht mehr zu sehen ist.

Der Weg führt auf und ab durch Wald und Wiesen. Hinter einer Forstschranke halten wir uns links, rechter Hand schimmert durch die Bäume ein Mahnmal für die Gefallenen der beiden Weltkriege, und nach einer Gabelung, an der wir uns rechts halten, sehen wir im Tal bereits die Häuser von **Sötenich.**

An Pferdekoppeln vorbei halten wir auf den Sportplatz zu, folgen der Querstraße nach links und biegen am Ende des Sportplatzes rechts in die Straße Zum Wachberg ein. Sie führt uns aus dem Ort hinaus, wo wir nach den letzten Häusern einen zugewachsenen Wiesenweg finden (Schild »Schutt abladen verboten«), der uns an den Rand eines Kalksandsteinbruchs führt. Den folgenden Querweg nehmen wir links und kommen langsam aus der Talmulde heraus. Bei der folgenden Wegkreuzung erreichen wir wieder den **Römerkanalwanderweg** und gehen rechts (1.20 Std.).

Durch Wiesen und Weiden geht es weiter leicht bergan. Wir bleiben bei Abzweigungen immer auf unserem Wanderweg, ignorieren am Waldrand auch die Abzweigung links zum Hof und gehen auf eine nur mit vereinzelten Kiefern bestandene Kuppe zu, die an die Wachholderheidegebiete aus anderen Teilen der Eifel erinnert. Den höchsten Punkt der Kuppe umgehen wir und wandern auf einer kleinen lichten Hochfläche weiter. Etwa 50 m vor dem Ende der Freifläche biegt der Römerkanalwanderweg links in den Wald hinein ab. Jüngste Forstarbeiten mit großen Räumfahrzeugen haben nicht nur die Bäume mit den Wegzeichen gefällt, sondern auch die Wegspur etwas untergepflügt. Hier ist ein bisschen Spürsinn gefragt, um den Pfad wiederzufinden. Wir erreichen schließlich einige freie Felskanzeln, die den Blick in die Ferne schweifen lassen. Geländer sichern die steilen Abbrüche. Wir befinden uns hier im **Naturschutzgebiet Stolzenburg** (1.45 Std.). Mauerreste lassen erahnen, dass hier einst eine Festung stand, die dem Gebiet seinen Namen gab .

Wir lassen die Aussichtskuppe hinter uns, steigen über die niedrige Begrenzungsmauer und folgen dem Römerkanalwanderweg nach rechts weiter talwärts (Hinweisschild »Urft 1 km«). Er ist zwar manchmal etwas rutschig und verzweigt sich immer wieder, doch kann man hier an mehreren Stellen noch die alte römische Wasserleitung betrachten, die freigelegt wurde.

Oberhalb der Landstraße verlassen wir den Römerkanalwanderweg schließlich. Wir gehen nach rechts hinunter zur Straße, dort ein paar Meter nach links, biegen unmittelbar vor der **Burg Dalbenden** rechts ab und überqueren die Urft und die Bahngleise. Nun sind wir auf dem Querweg **Mühlgraben** (2 Std.). Ihn gehen wir nach rechts, vorbei an der ehemaligen **Urfter Mühle,** an der folgenden Wegverzweigung links und 300 m weiter wieder rechts. Wir steigen nun aus dem Tal wieder auf, auf der anderen Talseite ist schon bald die Aussichtskanzel bei der Stolzenburg zu erkennen. Wir betreten den Wald, gehen den nächsten Querweg links und sehen an der höchsten Stelle des Weges die Mauern und Türme von **Kloster Steinfeld** vor uns (2.30 Std.).

Da wir das Kloster besichtigen möchten, gehen wir weiter bis zur Landstraße, auf dieser ein kurzes Stück nach rechts bis zum Eingang

Blick von der Aussichtskanzel bei der Ruine Stolzenburg

der Anlage. Hier kann man gut eine Pause einlegen. Nach der Pause gehen wir über die Landstraße zurück auf unser Asphaltsträßchen, das sich nach 30 m gabelt, wir halten uns links, auf ein kleines Klärwerk zu. Dort geht es auf einem schmalen Pfad rechts bergab ins Tal, über einen kleinen Bach und auf der anderen Seite zwischen Weidezäunen wieder bergan, später dem Hinweisschild »Rinnen« folgend, immer geradeaus über alle Querwege hinweg, bis hinauf zur Kuppe.

Kurz nach dem höchsten Punkt des Weges durchqueren wir das Gelände eines Steinbruchs mit Schotterwerk. Hinter dem letzten Betriebsgebäude, unmittelbar vor einem großen weißen Kreuz (je nach Jahreszeit fast zugewuchert), biegen wir rechts in einen Pfad, der in den Ort **Rinnen** (3 Std.) hinunterführt. Beim Dorfbrunnen treffen wir auf die Durchgangsstraße, wir aber gehen links die Michaelstraße steil den Berg hinauf, biegen rechts auf die Sistaler Straße ab und folgen dem ersten Quersträßchen nach links. Etwa auf dem höchsten Punkt biegen wir nach rechts auf den Weg zum **Pferdekopf** ab, dem höchsten Punkt dieser Tour (3.20 Std.). Hier oben haben wir eine herrliche Aussicht über die Höhen.

Wir bleiben zunächst auf der Höhe und wandern durch den Wald weiter, vorbei an der Loshardt. Dann senkt sich der Weg langsam ins Tal, wobei wir alle Abzweige ignorieren. Bei den ersten Häusern von Kall geht der Weg in die Straße Loshardt über, die uns geradewegs in den Ort hineinführt. In die Durchgangsstraße biegen wir rechts ein und stoßen am Kreisverkehr schließlich auf die Bahnhofsstraße, die uns zum **Bahnhof** von **Kall,** unserem Ausgangspunkt, zurückführt (4 Std.).

Bleibergwerk und Römerbauten

Von Mechernich nach Breitenbenden und Bergheim

Mechernich, das Zentrum einer alten Bleibergbauregion, und die umgebende Landschaft bilden Ausgangspunkt und Ziel dieser Wanderung. Ausruhen können wir uns zwischendurch bei den Resten eines alten römischen Bauhofes.

DIE WANDERUNG IN KÜRZE

++ Anspruch

4.30 Std. Gehzeit

18 km Länge

Charakter: Leichte Wanderung auf meist breiten Wegen, ohne große Schwierigkeiten und Orientierungsprobleme, aber aufgrund der Länge mittelschwer im Hinblick auf Ausdauer und Kondition

Wanderkarte: WK 1:25 000 Mechernich/Kommern im Deutsch-Belgischen-Naturpark (WK 5a des Eifelvereins)

Einkehrmöglichkeiten: In Mechernich, Breitenbenden und Bergheim

Anfahrt: Mit dem **Auto** über die A1 bis Ausfahrt Mechernich, weiter bis Mechernich. Direkt am Ortsbeginn am Bahnhof Park-and-Ride-Parkplatz. Mit der **Bahn:** Regional-Express bis Mechernich.

Wir starten unsere Tour am **Bahnhof** von **Mechernich.** Mit dem Bahnhof im Rücken überqueren wir die B 477, gehen auf der gegenüberliegenden Straßenseite ein Stück nach links. Nach wenigen Schritten führen – gegenüber vom Raiffeisenmarkt – ein paar Stufen in ein Eichenwäldchen hinein. Der Pfad läuft an der Gartenseite der ersten Wohnhäuser von Mechernich entlang und trifft bald auf einen schmalen Weg, der nach wenigen Metern auf eine Asphaltstraße führt. Wir gehen stets geradeaus, passieren eine Forstschranke und betreten den Wald. An der ersten Weggabelung im Wald halten wir uns links und wandern in einem weiten Rechtsbogen durch den Buchen- und Eichenmischwald. Bei einer Wegkreuzung am Waldsaum folgen wir dem Wanderzeichen A1 nach rechts. Wir überqueren die Fahrstraße nach Kommern, gehen nach links zum Kreisverkehr, überqueren die Einfahrt zum Wohngebiet Me-

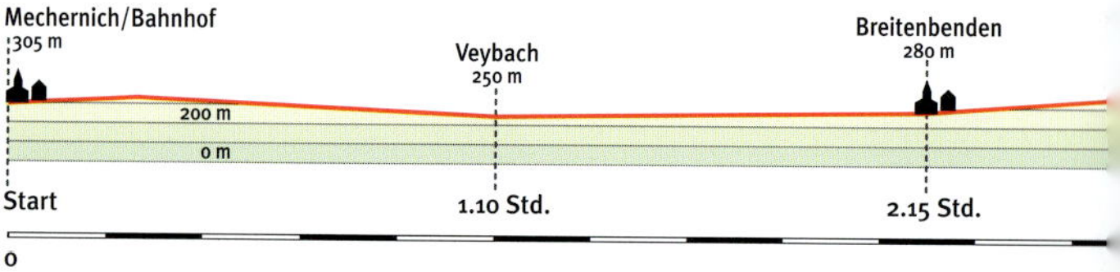

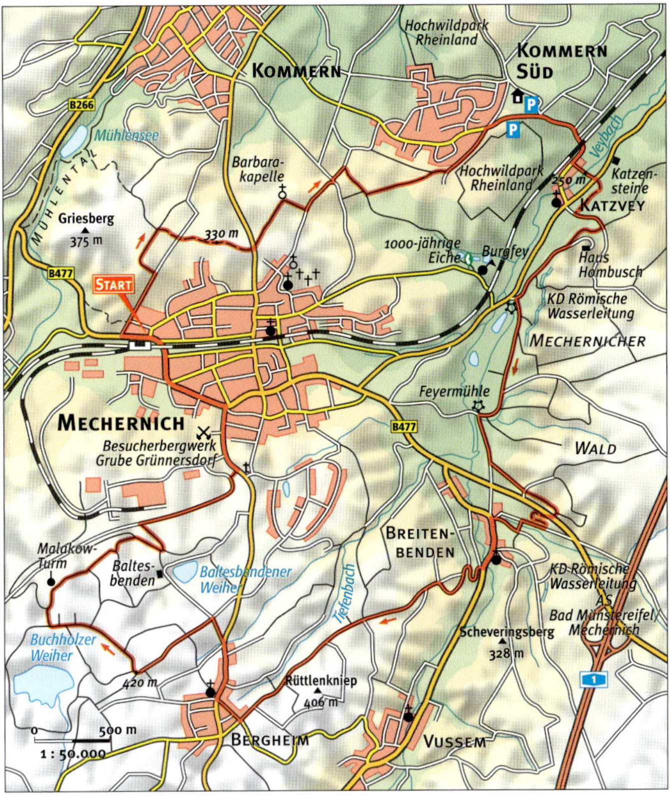

chernich Nord und nehmen dann den asphaltierten Weg, der an der Rückseite der ersten Häuserzeile vorbeiführt (weiter A1).

Wir gehen geradeaus bis zu einer **Kapelle** am Waldrand. Kurz dahinter öffnet sich von einem Aussichtspunkt aus der Blick auf Kommern. Wir gehen neben der Kapelle ein paar Stufen bergab und halten wieder auf die Neubausiedlung zu. In das Asphaltsträßchen an ihrem Rand biegen wir links ein und passieren nach dem letzten Haus eine markante einzeln stehende Kiefer mit einem Holzkreuz darunter. Wir wandern an einem Feuchtbiotop entlang, an der nächsten Kreuzung geradeaus und an der folgenden Weggabelung rechts in den Wiesenweg hinein leicht bergab.

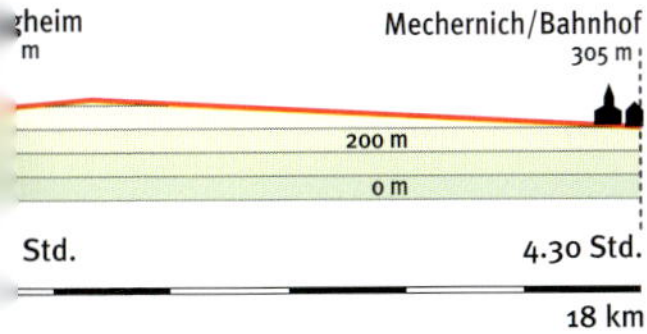

Am Waldrand wenden wir uns nach links und wandern auf eine mit Kiefern und Birken bestandene Kuppe zu. Im Wäldchen folgen wir der Markierung A2 nach rechts, über ein

Markanter Wegpunkt: die einzelne Kiefer am Ortsrand von Mechernich

Asphaltsträßchen hinweg bis zur Verbindungsstraße Kommern–Katzvey (1 Std.). Hier biegen wir nach rechts ab und gehen ein gutes Stück neben der Straße entlang, vorbei am Parkplatz des Hochwildschutzparks Kommern und über die Gleise der Bahnstrecke Euskirchen–Trier bis nach **Katzvey** hinein.

Bei der Dorflinde biegen wir nach links ab, den Wegzeichen A1 und A2 folgend, überqueren den Veybach und gleich darauf die Straße von Satzvey nach Mechernich. Nach dem **Wanderparkplatz** wenden wir uns scharf rechts, wandern durch ein niedriges Eichenwäldchen und biegen bei einer kleinen Kapelle links ab. Den folgenden Querweg nehmen wir nach rechts, kurz darauf abermals rechts. Der Weg ist breit, zeigt stellenweise sogar noch die Zeichen einer alten Pflasterung. Kurz bevor er wieder in Asphalt übergeht, biegen wir halblinks in den **Römerkanalwanderweg** ein, der – nur mäßig ansteigend – durch den Mischwald führt. Diesem Weg folgen wir durch den Wald im Wesentlichen immer geradeaus.

Nach einer kleine Senke öffnet sich nach rechts der Blick durch die Bäume zu einer Wiese und einer Reihe von Fischteichen. Gleich darauf halten wir uns rechts Richtung Feyer Mühle, nehmen aber kurz davor einen asphaltierten Feldweg nach links. Er führt über eine Kuppe und auf eine Straßenunterführung zu, biegt jedoch davor nach links ab (Römerkanalwanderweg). Er läuft geradeaus in ein Mischwäldchen hinein und wir erreichen bald die Zufahrtsstraße zur Autobahn A1, die wir überqueren müssen.

Auf der anderen Straßenseite führt uns der Römerkanalwanderweg zu den restaurierten Resten eines alten **römischen Bauhofes.** Ausführliche Infotafeln berichten über die Wiederentdeckung der alten Anlage, ihre wahrscheinliche Funktion sowie die übrigen Funde in diesem Bereich (2 Std.). Im Wäldchen stoßen wir dann auch auf verschiedene Reste einer alten **römischen Wasserleitung.** Dann senkt sich der Pfad langsam zu Tal.

Fast im Talgrund nehmen wir einen Wirtschaftsweg nach rechts Richtung **Breitenbenden,** das wir nach 2.15 Std. Gehzeit erreichen. Beim ersten Haus biegen wir links ab und gehen in den Ort hinein bis zur Durchgangsstraße, der Feyermühler Straße. Auf ihr gehen wir links an der Kirche vorbei Richtung Ortsausgang, schwenken aber kurz vor dem Ortsendeschild in die Einmündung rechter Hand und nehmen dann gleich die Karlstraße links. Sie führt an einem Aussiedlerhof vorbei und macht einen weiten Rechtsbogen. Bei der folgenden Weggabelung halten wir uns links und bleiben dann geradeaus auf dem asphaltierten Weg bis **Bergheim.**

Im Ort folgen wir dem Weidenweg nach rechts und nehmen dann die Durchgangsstraße nach Mechernich ebenfalls nach rechts. Am Ortsausgang halten wir uns im Kreisverkehr an der zweiten Möglichkeit links und erreichen das eingezäunte Gelände eines **militärischen Übungsbezirks.** Davor gehen wir links, jetzt mit der Wegmarkierung A2, und halten auf die Kuppe zu. Kurz vor Erreichen der Höhe nehmen wir einen Abzweig nach rechts und wandern in ein Kiefernwäldchen hinein, immer der Markierung A2 folgend.

Der Weg durchquert eine breite Waldschneise. Wir bleiben geradeaus, bis wir auf einen Weg stoßen, der im stumpfen Winkel nach rechts abbiegt. Ihm folgen wir bergab und halten uns bei einem großen, runden Beton-Wasserbecken rechts. Dies sind die ersten Hinweise auf das ehemalige **Mechernicher Bleibergwerk.** Über dem Wasserbecken wird vorübergehend der Blick auf den Malakow-Turm frei.

Der Weg schlängelt sich ohne große Höhenunterschiede am Rande des alten Bergwerksgeländes entlang und führt an der nächsten Wegkreuzung links. Der Laubwald, durch den wir wandern, wurde wohl erst nach der Aufgabe des Bergwerkes gepflanzt. In einer weiten Rechtskehre nehmen wir den unmarkierten überwachsenen Weg nach links, der uns allmählich bergab führt und später, im etwas höheren Mischwald, auf einen breiteren Waldwirtschaftsweg stößt, in den wir links abbiegen.

Schließlich stoßen wir auf eine Asphaltstraße, auf der wir uns nach rechts wenden. Sie läuft ohne großen Höhenunterschied und zunächst schnurgerade dahin, bis sie in einem Kiefernwäldchen einen weiten Bogen nach links macht. Hier zweigt vor den Leitplanken rechts ein schmaler Pfad in den Wald ab, auf dem wir die Verbindungsstraße Mechernich–Bergheim erreichen. Wir gehen links, vorbei am Bergbaumuseum, und beim Kreisverkehr abermals links auf die B 477, die uns zum Parkplatz am **Bahnhof** von **Mechernich** führt (4.30 Std.).

Neandertaler und Römer

Von der Kakushöhle bei Eiserfey zum Aquädukt bei Vussem
Zeugnisse aus den unterschiedlichsten Epochen menschlicher Geschichte gibt es bei dieser Tour zu entdecken. Vom Neandertalerunterschlupf geht es zum römischen Aquädukt bei Vussem. Sehenswert sind schließlich auch die römische Brunnenstube bei Kallmuth und die Kirche von Weyer.

DIE WANDERUNG IN KÜRZE

++ Anspruch

4.30 Std. Gehzeit

17 km Länge

Charakter: Abwechslungsreiche Tour auf ebensolchen Wegen und Pfaden

Wanderkarte: WK 1:25 000 Nettersheim/Kall im Deutsch-Belgischen Naturpark Hohes Venn-Eifel (WK 5 des Eifelvereins)

Einkehrmöglichkeiten: Am Ausgangspunkt der Wanderung und in Eiserfey

Anfahrt: Mit dem **Auto:** Autobahn A 1 bis Abfahrt Nettersheim, dann rechts auf die B 477 Richtung Mechernich, 500 m hinter dem Ortsende von Weyer links Parkplatz an der Kakushöhle (Hinweisschild). Mit der **Bahn:** Bahnlinie Köln–Trier bis Mechernich, vom Bahnhof mit dem Anruf-Linien-Taxi bzw. Buslinie 830 bis Weyer Kreuzweg, von da 600 m zu Fuß Richtung Mechernich bis zur Kakushöhle.

Vom Parkplatz an der **Kakushöhle** folgen wir der Ausschilderung zur Höhle. Wir gehen durch die Höhle hindurch und steigen über in den Stein geschlagene Treppenstufen bis zum rückwärtigen Ausgang hinauf, wobei man manchmal den Kopf einziehen muss, denn einige Passagen sind nicht höher als 1,30 m. Durch eine schmale Spalte schlüpft man schließlich wieder ins Freie. Wer zu Platzangst neigt oder in der Beweglichkeit eingeschränkt ist, kann auch den Treppenpfad rechts außen an der Höhle vorbei benutzen, um zum rückwärtigen Ausgang zu gelangen.

Nun nehmen wir die Treppen nach links, die zunächst ein Stück bergab,

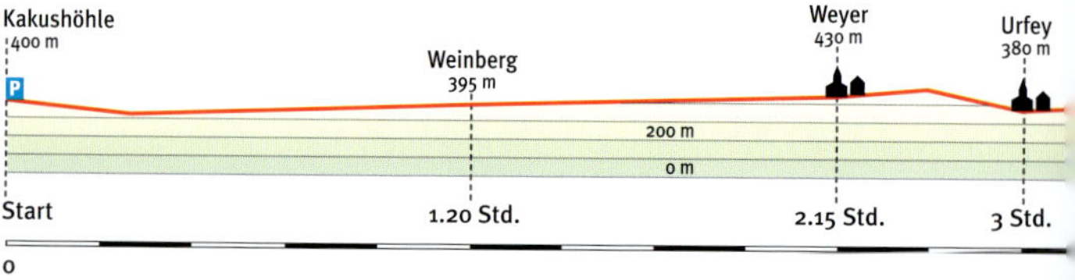

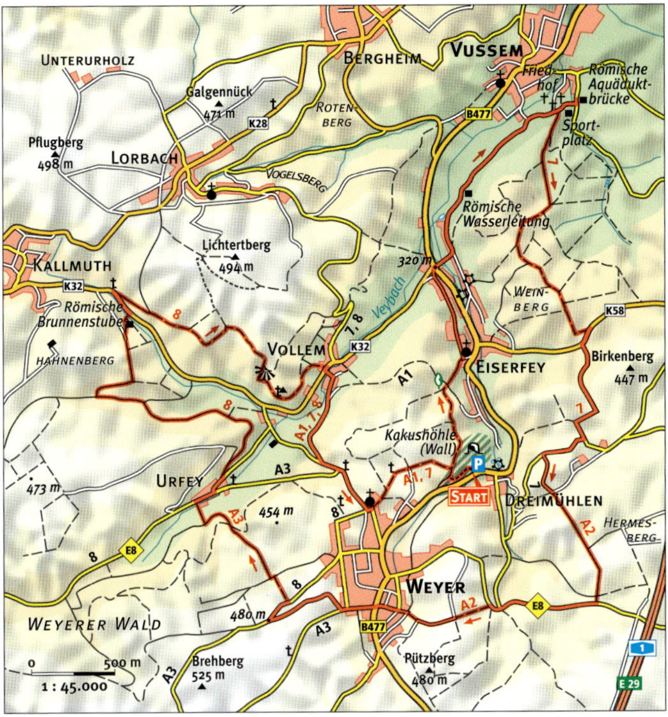

dann aber sogleich wieder bergauf führen, schlüpfen abermals durch einen niedrigen Felsdurchlass und halten uns im darauffolgenden Gewirr der Pfade immer links bergauf, bis wir schließlich auf dem Plateau oberhalb der Höhle stehen und die Aussicht auf die umliegenden Wälder genießen.

Nach der Erkundung des Plateaus kehren wir zurück zu den letzten Treppenstufen und biegen nun nach links auf einen Pfad ab, der uns leicht bergauf führt. Bei einem kleinen Damm biegen wir rechts auf einen schmalen Pfad ab und nehmen dann einen Feldweg nach rechts, zunächst weiter bergab und dann auf eine kleine Kuppe. Wir gehen geradeaus an einem Wäldchen aus Eichen und jungen Buchen vorbei, dazwischen ab und zu ein Haselnussstrauch. Am Ende der Weide, die uns linker Hand begleitet, biegen wir rechts in einen Wirtschaftsweg ein, den wir in der scharfen Rechtskurve gleich darauf wieder verlassen, und gehen geradeaus auf das Örtchen **Eiserfey** zu.

Am Ortsbeginn gehen wir links, vorbei an der alten Schule, dem

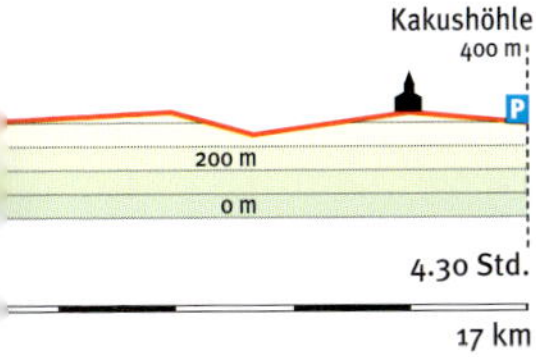

Immer wieder rückt die Kirche von Weyer während der Tour in unser Blickfeld

Friedhof und ein paar hübschen Fachwerkhäusern. Wir überqueren die Durchgangsstraße, gehen auf der Straße Im Wiesental weiter und biegen in die Straße Am Römerkanal links ab. Sie führt vorbei an hübsch aufgeräumten Einfamilienhäusern mit kleinen Gärten, dann an einem größeren Privatgrundstück mit eigenem Teich und Tennisplatz. Am Ende der Besiedlung – wir befinden uns jetzt auf dem **Römerkanalwanderweg** – erreichen wir einen **Aufschluss der römischen Eifelwasserleitung**.

Wir gehen weiter auf dem geteerten Wirtschaftsweg durch Wäldchen und Wiesen bis **Vussem.** Gleich beim ersten Haus des Ortes biegen wir rechts ab, weiterhin auf dem Römerkanalwanderweg, der sich den Berg hinaufschlängelt. Die erste Abzweigung nach links ignorieren wir, bei der zweiten gehen wir links und folgen dem Wanderweg (auch Markierung 7) nach rechts zum **Friedhof**. Ein Abstecher führt rechts am Friedhof entlang hinunter zum Sportplatz und weiter zur Straße. Ein Stück nach links steht der Rest des alten **Römeraquäduktes**.

Zurück beim **Friedhof** folgen wir jetzt dem leicht ansteigenden Weg in den Wald hinein und dann durch eine offene Wiesenlandschaft immer geradeaus. Auf der ersten Anhöhe wenden wir uns nach rechts. Es geht weiter leicht bergan auf die bewaldete Kuppe zu. Am Waldrand nehmen wir den Querweg nach links (1.20 Std.) und folgen ihm in das offene Weideland hinaus in leichtem Auf und Ab langsam auf die Höhe des unbewaldeten **Weinbergs** zu (Weg Nr. 7).

Nach der Kuppe erreichen wir das schmale Teersträßchen von Eiserfey nach Harzheim und gehen kurz rechts, dann gleich wieder links in den asphaltierten Wirtschaftsweg. Kurz vor dem ersten Wirtschaftsgebäude eines Bauernhofs biegen wir rechts in einen Feldweg ab. Wir folgen weiter der Wegnummer 7 und gehen bei der nächsten Abzweigung nach links. Hier auf den Kuppen wachsen vor allem Kiefern, dazwischen auch verschiedene Laub-

bäume. Rechter Hand wird der Blick frei auf die Kirche von Weyer, die auf einen Hügel thront. Darüber erheben sich die Denkmäler einer jüngeren Kultur – die Windkrafträder, die den Horizont für sich beanspruchen. Wir wandern immer geradeaus und erreichen schließlich die Kuppe des **Hermesberges** (2 Std.); vor uns sehen wir in einiger Entfernung die Autobahn.

Begleitet von Verkehrsgeräuschen geht es nun zügig bergab. Im Tal stoßen wir auf einen asphaltierten Wirtschaftsweg mit der Markierung A2 und dem Winkel des Eifelvereins, hier gehen wir rechts. Die sanfte Eifellandschaft mit ihren runden, von Kiefern bestandenen Kuppen erinnert hier ein wening an die Toskana. Wir gehen immer geradeaus und erreichen **Weyer** (2.15 Std.).

Bei einem Wirtschaftsweg biegt der Weg A2 rechts ab, wir aber gehen geradeaus auf einem Wiesenpfad zum Dorfplatz, weiter auf der Straße Burgring und dann dem Kreuzweg folgend geradeaus durch den Ort hindurch. Direkt am Ortsendeschild biegen wir rechts ab. Der Weg führt hinter den letzten Neubauten von Weyer entlang und strebt dann in einer Linkskurve endgültig vom Dorf weg, vorbei am **Wasserwerk**. Von hier oben schweift bei gutem Wetter der Blick bis hinüber nach Köln. Kurz darauf biegt unser Weg im spitzen Winkel rechts ab und 100 m weiter links in einen überwucherten Feldweg (A3). Am folgenden Querweg gehen wir links, 10 m weiter wieder rechts. Es geht nun geradeaus durch ein Wäldchen und dann auf **Urfey** (3 Std.) zu. Wir folgen dem Weg in den Ort hinein und biegen an einem Plätzchen halblinks ab. Ein Wanderweg führt uns aus dem Ort hinaus.

Wir gehen immer geradeaus, zunächst den Berg hinauf, dann sanft bergab. Bald begleitet uns linker Hand ein für die Eifel so typischer Buchenwald. An seinem Ende folgen wir einem Querweg nach links entlang einem Pappelwald. An seinem Ende folgen wir rechts einem asphaltierten Weg (Römerkanalwanderweg), der auf halber Höhe des Hanges verläuft. Im Tal sehen wir die Fahrstraße und einen schönen Galerie-Auenwald.

Schließlich taucht der Weg in ein Wäldchen ein. Bei einem Wohnhaus führt rechts eine kleine Holztreppe zur unterirdisch liegenden alten **Brunnenstube,** einem Teil der römischen Eifelwasserleitung (3.30 Std.).

Von dort gehen wir zur Fahrstraße und halten links auf **Kallmuth** zu. Kurz vor den ersten Häusern biegen wir aber im spitzen Winkel nach rechts in einen Waldweg ab, auf dem wir jetzt geradeaus bergan steigen. Wir passieren eine Weidefläche mitten im Wald, den Rand eines freien Feldes und stoßen schließlich auf einen Querweg, dem wir nach rechts folgen (Nr. 8, Römerkanalwanderweg). Bei der nächsten Gabelung halten wir uns geradeaus und treten aus dem Wald hinaus. Ein Hügel lohnt einen Abstecher, von dort oben bietet sich eine wunderschöne Aussicht auf die Umgebung. Wir sehen die Kirchturmspitze von Weyer und – zur Rechten – einen Teil des zurückgelegten Wanderweges.

Zurück am Waldrand nehmen wir den steilen Pfad, der zwischen dem kleinen Fichtenwald und der Gebüschgruppe auf der linken Seite steil bergab steigt, um die Kuppe des Eulenberges herum und allmählich ins Tal. Einem schmalen Pfad nach rechts folgen wir schließlich hinunter nach **Vollem**. Im Ort führt uns die Straße Im Ersthof zur Durchgangsstraße, in die wir rechts abbiegen und dann links den **Veybach** überqueren (4 Std). Über die Straße am Kirchenbusch geht es etwa 60 m geradeaus und bei der Gabelung rechts. Den Wanderweg A1 nach links ignorieren wir und steigen stetig auf, den Kirchturm von **Weyer** im Blick.

Im Ort gehen wir an der Kirche vorbei (4.15 Std.), unmittelbar danach dann links und an der folgenden Kreuzung geradeaus in einen Feldweg hinein. Ein barockes Steinkreuz behütet den Weg. Die folgende Kreuzung nehmen wir ebenfalls geradeaus, vorbei an einem Heuschober. Am Ende einer Weide biegen wir rechts ab, kurz darauf links. Nach etwa 100 m im lichten jungen Wäldchen biegt rechts ein Treppenpfad ab, der uns zurück zu den Parkplätzen an der **Kakushöhle** führt (4.30 Std.).

Ökogemeinde Nettersheim

Schönheiten rund um Nettersheim

Auf dem Schatz ihrer reichen römischen Ausgrabungsstätten will sich die Gemeinde Nettersheim nicht ausruhen. Gemeinde und Umland haben auch vielfältige Naturschönheiten zu bieten, die im Naturschutzzentrum und auf einem Erlebnispfad präsentiert werden.

DIE WANDERUNG IN KÜRZE

++ Anspruch

5 Std. Gehzeit

20 km Länge

Charakter: Abwechslungsreiche, aber lange Wanderung auf meist gut ausgebauten Wegen; im Bereich Marmagen Asphaltsträßchen

Wanderkarte: WK 1:25 000 Nettersheim/Kall im Deutsch-Belgischen Naturpark Hohes Venn-Eifel (Wanderkarte 5 des Eifelvereins)

Einkehrmöglichkeiten: In Nettersheim und Marmagen

Anfahrt: Mit dem **Auto** über die A1 bis Ausfahrt Nettersheim, dann über die B 477 bis Nettersheim. Am Bahnhof parken. Mit der **Bahn**: RegionalExpress bis Nettersheim.

Vom Parkplatz am Bahnhof von **Nettersheim** überqueren wir nach rechts zunächst die Bahngleise, dann über eine kleine Brücke die Urft. Gleich dahinter geht es ein paar Treppenstufen nach rechts hinunter und ein kleines Stück die Urft entlang. Beim nächsten Quersträßchen halten wir uns rechts. Zwischen mehr oder weniger stilvoll renovierten Fachwerkhäuschen geht es leicht bergauf. Bei der folgenden Wegverzeigung halten wir uns wieder rechts und nehmen die Talstraße, die wieder hinunter zu den Bahngleisen und an diesen links entlangführt.

Unmittelbar vor dem letzten Haus des Örtchens zweigt unser Weg nach links ab und unterquert die Talbrücke, die das Tal der Urft auf Betonstelzen überspannt. Wir wandern jetzt immer geradeaus durch offenes Wiesengelände mit vereinzelten Buschgruppen, kleinen Bäumen und Pferdekoppeln und folgen der Richtung der alten römischen Wasserleitung, weiter parallel zu den Bahngleisen.

Erst bei einer Wegkreuzung mit einem Holzkreuz neueren Datums halten wir uns links. Auch an der nächsten Weggabelung bleiben wir auf dem deutlich breiter ausgebauten Weg in der Nähe der Urft, die sich mal links, mal rechts der Bahnlinie durch die Talaue schlängelt. Am Hang zu unserer Linken wachsen Buchen und Lärchen. Da und dort tritt die Urft bis auf wenige Schritte an unseren Weg heran und lädt vor allem im Sommer zur Abkühlung ein.

Nach etwa 45 Min. treffen wir rechter Hand auf ein paar **Fischteiche,** gleich darauf führt rechter Hand ein kleiner Pfad an einem Fachwerkhäuschen vorbei zur **Quellfassung Grüner Pütz** der alten römischen Wasserleitung. Wir folgen dem Pfad, stoßen zunächst auf einen weiteren Aufschluss der Wasserleitung und wenige Schritte später auf die rekonstruierte römische Brunnenstube Grüner Pütz. Beim folgenden Aufschluss sieht man, dass noch heute Wasser durch diese Leitungen fließt, allerdings nicht mehr bis Köln. Wenige Schritte hinter einem weiteren Aufschluss führt unser Trampelpfad nun wieder auf den Hauptweg zurück (1 Std.).

Gleich darauf biegen wir schon wieder nach links zur alten römischen Straße ab. Der Weg steigt an, wir passieren eine Waldwiese. Allmählich tritt der Wald zur Rechten immer weiter zurück und endet schließlich. Hier halten wir uns bei einer Weggabelung rechts und wandern weiter bergauf. Schließlich tritt auch der Buchenwald zurück. Wir halten auf ein Buchenwäldchen zu und biegen unmittelbar davor links ab. Linker Hand breitet sich die offene Hochfläche aus, hinter einem einzelnen Hof sehen wir das Örtchen Barhaus.

Der Weg führt wieder über eine kleine Kuppe, wir durchqueren einen Streifen Buchenwald und erreichen nach einem leichten Linksbogen die Landstraße L 204. Wir überqueren sie leicht versetzt nach rechts und nehmen einen kleinen, kaum zu sehenden Weg, der neben dem Sträßchen herläuft. Gut 150 m später gabelt sich der Weg: Hier wählen wir den breiteren Weg, der nach links allmählich von der Straße wegführt. Er senkt sich und trifft einen breiten Forstwirtschaftsweg, auf dem wir geradeaus weiterwandern. Unten im Tal hört man schon den Gillesbach rauschen. Um zu ihm zu gelangen, schwenken wir in einen schmalen Pfad ein, der talwärts führt.

Im Tal halten wir uns links, erreichen die im Privatbesitz befindliche **Hallenthaler Mühle** (2.30 Std.), passieren diese und laufen über eine steinerne Brücke. Dann queren wir das Tal, steigen über ein paar Naturstufen und biegen links in den Querweg ein. Kurz darauf geht es erneut links auf dem **Joseph-Schramm-Weg** Richtung Marmagen/Eifel-Sanatorium. Wir folgen dem Weg (später mit Markierung schwarzes Dreieck und »Eifelsteig«) ein gutes Stück durch das stille Tal. Nachdem wir das Klärwerk passiert haben, erreichen wir die Verbindungsstraße K60, die hinauf nach Wahlen führt. Wir gehen ein Stück nach links bergab. Dem Wanderweg 8 am Ausgang der Kurve folgen wir nicht, sondern erst den Markierungen 6 und 7 nach rechts. Es geht ein Stück bergauf, bald taucht linker Hand am Hang die Eifelklinik auf, ein wuchtiges, imposantes Gebäude, das sich nicht ganz so harmonisch in die Eifellandschaft einfügen will.

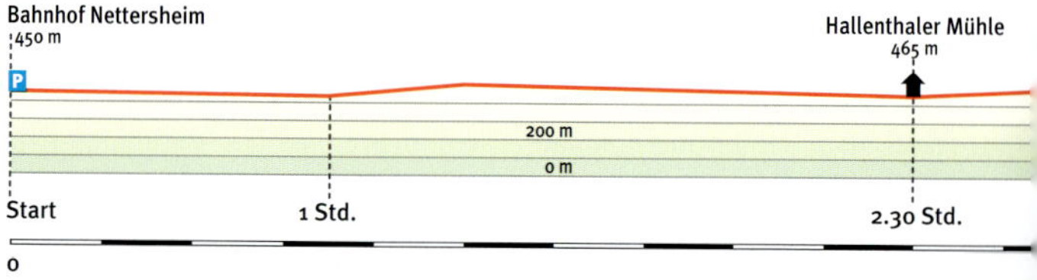

Ruhig dahinfließend lädt die Urft zur Rast ein

Beim nächsten Querweg gehen wir links Richtung Marmagener Bach, weiterhin mit den Wanderzeichen 6 und 7. Das urwüchsige Waldstück wird Kinder und Junggebliebene zum Träumen und Versteckspielen einladen. Wir folgen nun dem Weg zur **Fuchshöhle,** die oben im Hang in einem Felsblock zu erkennen ist, wandern weiter geradeaus

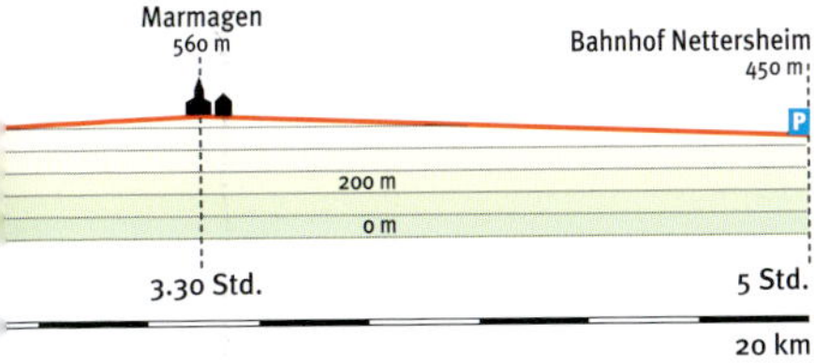

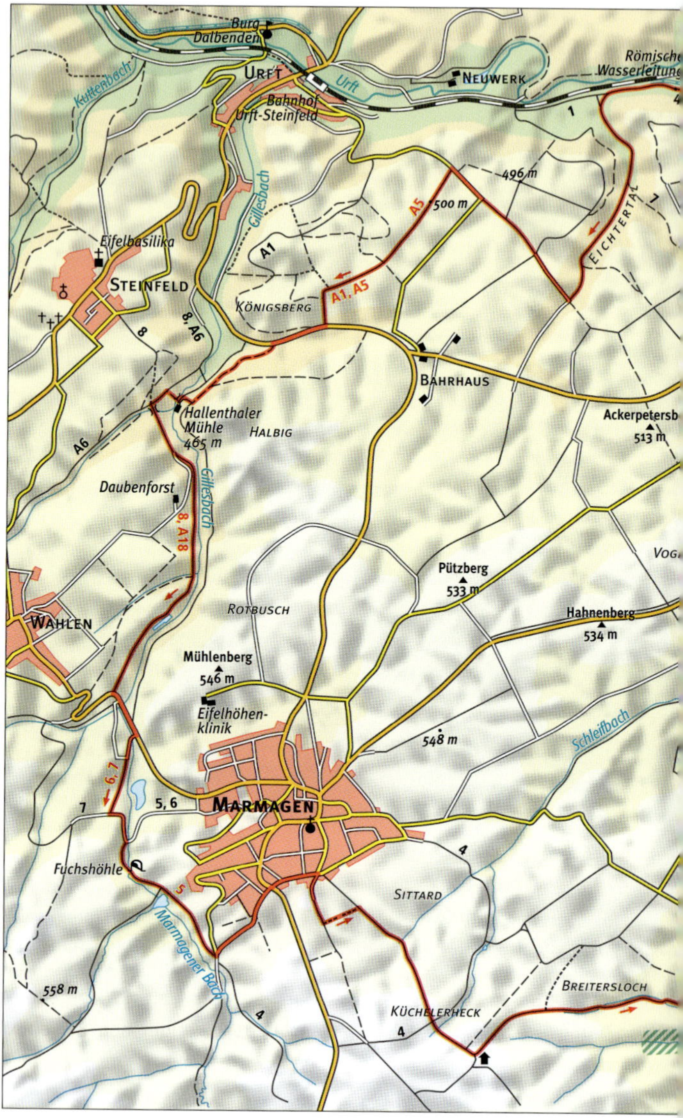

und passieren einen schilfbewachsenen Fischteich, der vom Marmagener Bach gespeist wird.

Hinter einer Schranke macht unser Weg eine scharfe Linksbiegung. Fünf Wege zweigen hier ab. Wir halten uns ein kurzes Stück nach links bergan, um an der Weggabelung gleich darauf dann rechts auf das steil ansteigende Asphaltsträßchen

abzubiegen, das nach **Marmagen** führt (3.30 Std.). Dem Jägerpfad folgen wir geradeaus, überqueren die Durchgangsstraße und bleiben auf der Straße – jetzt Finkenweg –, bis links die Buschgasse einmündet. Hier gehen wir rechts auf den Zervusknapp (Joseph-Schramm-Weg) und verlassen die für die Eifel so typische Neubau-Siedlung mit ihren Einfamilenhäusern.

Nun biegen wir links in die Straße Sittard ab, ein Stück weiter – dort wo von links der Eichelsgarten einmündet – nehmen wir den unasphaltierten Weg nach rechts. Er geht bald in einen schmalen Pfad über, der zwischen dem Rand des jungen Tannenwaldes und einer Weideeinzäunung verläuft. Am Ende der Weide gehen wir auf einen breiteren Wiesenweg rechts, passieren ein kleines Feuchtgebiet und wandern schließlich die feuchte Talniederung leicht bergauf und über die Kuppe. Einen Wanderweg des Eifelvereins ignorieren wir, erst bei der Gabelung 300 m weiter biegen wir links ab.

Nun geht es auf schottrigem Weg langsam bergab, fast 100 Höhenmeter. Im Tal erreichen wir einen Querweg und gehen nach links. Diesem Talweg folgen wir nun parallel zur Bahnlinie immer weiter geradeaus. Wer Lust hat, kann kurz vor Nettersheim einen Abstecher nach links zur alten Görresburg machen, einem römischen Tempelbezirk, oder nach rechts zum alten römischen Werkplatz Steinrütsch.

Schließlich erreichen wir die ersten Häuser von **Nettersheim.** Straße, Schienen und Bach laufen nun ganz eng nebeneinander her. Bei einer Gabelung überqueren wir die Urft und biegen dann links ab Richtung Naturschutzzentrum. Über eine Holzbrücke geht es noch einmal über die Urft, wenig später stehen wir wieder an der Hauptstraße, gehen nach rechts über die Brücke und haben den Parkplatz am **Bahnhof** von Nettersheim erreicht (5 Std.).

Römer, Römer, Römer ...

Rund um Nettersheim

Die nähere Umgebung von Nettersheim ist voller archäologischer Fundstätten: Reste der römischen Wasserleitung, Matronentempel, Werkplatz Steinrütsch und vieles mehr. Auch draußen in Wald und Flur haben wir römische Hinterlassenschaften unter den Füßen.

DIE WANDERUNG IN KÜRZE

++
Anspruch

4.30 Std.
Gehzeit

19 km
Länge

Charakter: Abwechslungsreiche Wanderung auf unterschiedlichsten Wegen, ein kurzes Stück auch weglos, nach Regen kann es hier morastig sein

Wanderkarte: 1:25 000 Nettersheim/Kall (WK 5 des Eifelvereins)

Einkehrmöglichkeiten: In Nettersheim

Anfahrt: Mit dem **Auto:** Auf der A 4 bis Kreuz Köln-West, weiter auf die A1 bis Ausfahrt Nettersheim, der Bundesstraße bis Nettersheim und dort der Ausschilderung zum Bahnhof folgen. Hier befindet sich auch ein Parkplatz. Mit der **Bahn:** Mit dem RegioExpress regelmäßige Verbindung nach Nettersheim.

Vom **Bahnhof** in **Nettersheim** überqueren wir zuerst die Gleise und dann die Urft und folgen gleich nach der Brücke dem Hinweisschild Naturschutzzentrum nach links auf einem schmalen Pflasterweg direkt am Fluss. Wir wechseln noch einmal aufs andere Ufer und erreichen die Wiese, die zum Naturschutzzentrum gehört. Das hier ausgestellte Stück einer alten römischen Wasserleitung wurde allerdings nicht hier gefunden, sondern in der Nähe von Breitenbenden.

Weiter geht es an der Urft entlang bis zum **Naturschutzzentrum.** Dieses informiert anschaulich und unterhaltsam über die verschieden Aspekte von Naturschutz und Naturerleben in der Eifel.

Wir gehen weiter geradeaus und dann wiederum rechts über die Urft-Brücke, wo wir dem Wegweiser zum römischen Tempel folgen. Der **Tem-**

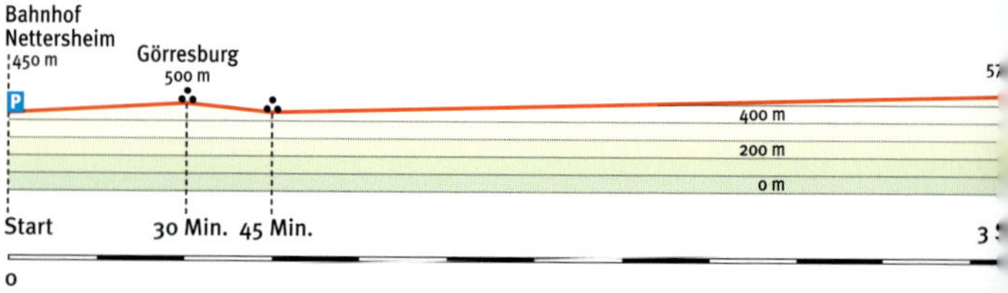

Die drei dem Matronenkult gewidmeten Weihesteine an der Görresburg

pelbezirk liegt auf einem Hügel und umfasst die Überreste der römischen **Tempelanlage Görresburg** (30 Min.). Es handelt sich um eine gallorömische Anlage, die sich neben einer ehemaligen römischen Siedlung befindet.

Wir gehen zurück und folgen nun dem Wegweiser zum Steinrütsch. Es geht über die Bahngleise und dann über die Urft zum Fundplatz **Steinrütsch** (45 Min.). Der Platz erinnert an einen Steinbruch, es gibt aber auch Hinweise auf Metallverarbeitung. Eine Tafel informiert über die Verteilung von Land und Meer vor 375 Mio. Jahren im Unterdevon. Zwei kleine Holzstege führen in die Wiese hinein zu einer Replik eines alten Meilensteins, der hier in der Nähe bei Bachbegradigungs- und Gleisbauarbeiten gefunden wurde.

Nach der Besichtigung gehen wir zum asphaltierten Weg zurück und biegen nach rechts. Die Urft im Rücken, stoßen wir kurz darauf auf eine Weggabelung, an der wir uns rechts halten (Markierungen 1 und 5). Wiederum gabelt sich der Weg, wiederum halten wir uns rechts und verlassen den Erlebnispfad.

Es geht weiterhin, allerdings in etwas größerem Abstand, parallel zur Urft, bald durch den Wald oberhalb der Urft-Auen. Schließlich senkt sich der Weg wieder sanft zum Fluss hin-

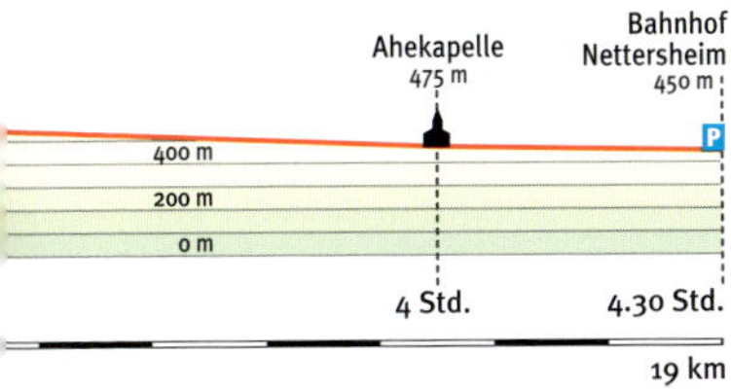

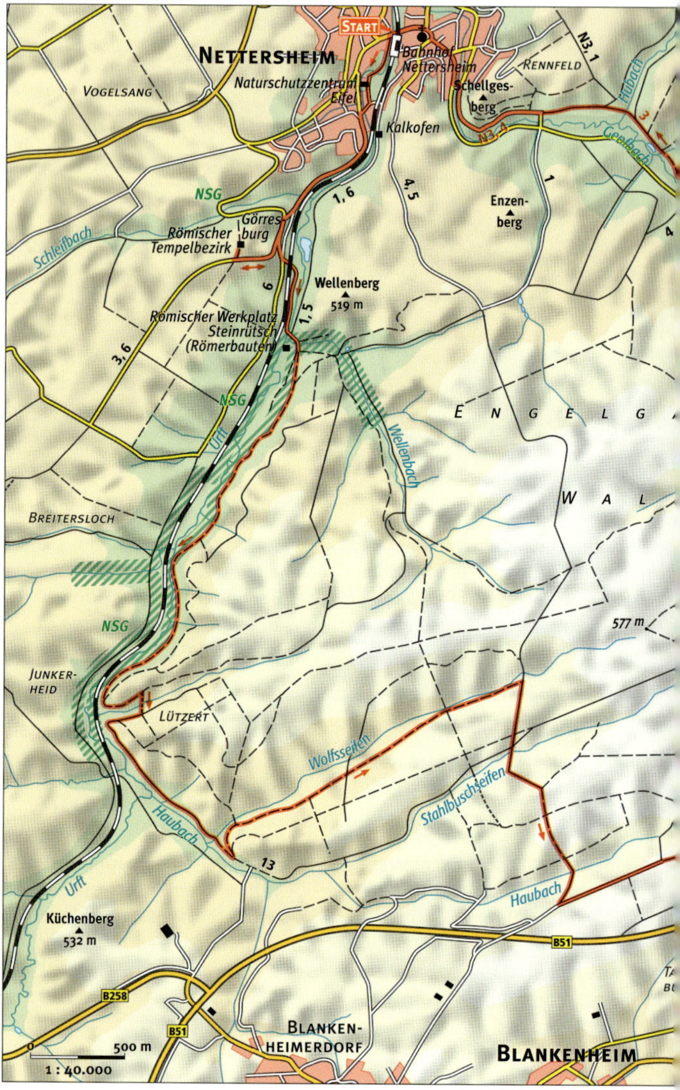

unter und biegt in ein Seitental ein (1.15 Std.). Etwa 30 Meter vor einer Stromleitung wechseln wir weglos nach rechts durch das kleine Seitental mit dem schmalen Bächlein. Am gegenüberliegenden Hang stoßen wir auf einen fast zugewachsenen Waldweg, dem wir nach rechts folgen. Er führt über einen Sporn, der sich über der Urft erhebt, und dann wieder ein Stück zur Urft hin und weiter durchs Tal. Stellenweise ist er

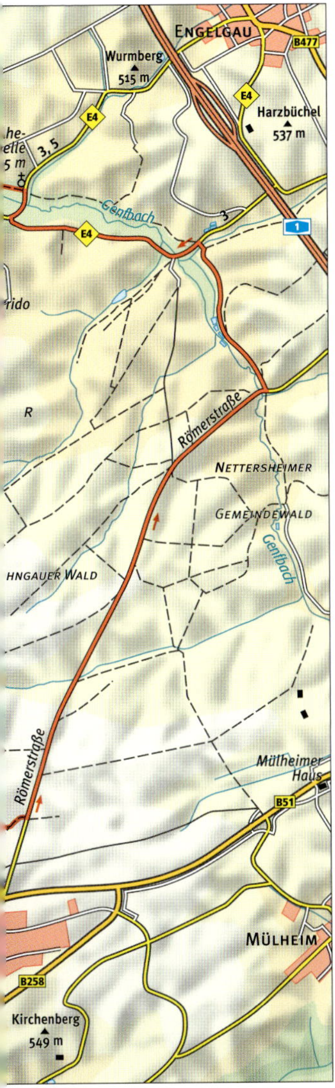

mit Ginster fast gänzlich überwuchert.

Man sieht hier immer noch die großen Windbruch-Schäden, die die Orkane der 90er Jahre verursacht haben. Bald aber tritt die spärliche Bewaldung rechter Hand wieder zurück, und wir sehen vor uns auf dem Hügel Höfe und Häuser. Die Bahnlinie verlässt das Tal in einer weiten Kehre nach Westen.

Unser Weg durchquert noch einmal einen Wäldchen und mündet dann in einen Querweg, in den wir links einbiegen. In einer Rechtskurve führt dieser wieder auf ein Wäldchen zu. Am Waldrand gabelt er sich, wir halten uns rechts und folgen dem Weg immer geradeaus, an einem Hochsitz vorbei, durch dichtes, junges Nadelgehölz, vorüber an Schneisen, die den Blick in das Wiesentälchen freigeben.

Schließlich endet unser Weg an einem Querweg, hier biegen wir nach rechts, passieren in der Talsenke einen Querweg (2 Std.) und gehen geradeaus weiter, jetzt auf dem Weg mit der Markierung S, an der nächsten Weggabelung rechts.

Nachdem wir den Wald wieder verlassen haben, mündet der Weg schließlich an einem Hang auf einen asphaltierten Querweg, hier biegen wir scharf nach links ab (Markierung S). Sobald auch dieser Weg an einem Querweg endet, gehen wir links, nun dem Zeichen JH folgend (Jugendherbergs-Verbindungsweg). Wir befinden uns jetzt auf einem alten Römerweg, allerdings weisen keinerlei Relikte darauf hin. Es geht nun abwechselnd durch jungen Nadel- und Laubwald, unterbrochen von Windbruchflächen, Schritt für Schritt entfernen wir uns von der geräuschvollen Bundesstraße. Wir passieren zwei Wochenendhäuser und erreichen schließlich eine Wegkreuzung. Hier folgen wir dem Fahrradwegweiser Richtung Bad Münstereifel und Frohngau, weiterhin auf der alten Römerstraße. Eine **Brücke** (3.15 Std.) mit eisernem

Geländer führt uns über den Genfbach, ein Kreuz erinnert an dieser Stelle an den Förster August Warmer. Am anderen Ufer geht es links ab, weiter am Bach entlang Richtung Nettersheim.

Wir bleiben in der Nähe des Baches, überqueren einen Seitenbach, stoßen auf einen Querweg, gehen hier links. Noch einmal geht es über den Genfbach, dahinter halten wir uns rechts. An der höchsten Stelle dieses Weges wird der Blick frei auf die rechts in den Wiesen- und Weidegründen liegende **Ahekapelle** (4 Std.), die wir über ein Sträßlein erreichen, das nach rechts abbiegt. Bei der Kapelle wenden wir uns nach links und wandern nun durch das Naturschutzgebiet Genfbachtal (Z3), immer in der Nähe des Baches. Die Waldhänge zu beiden Seiten werden steiler und rücken näher an die Talsohle heran.

Schließlich erreichen wir **Nettersheim.** Wir überqueren den Bach noch einmal nach links, folgen der Martinusstraße nach rechts, biegen an der nächsten Ecke noch einmal links ab und stehen am Kirchberg. Wir gehen bergab ins Zentrum und erreichen den **Bahnhof** (4.30 Std.).

Die Görresburg

Wer unter diesem Namen eine mittelalterliche Burganlage erwartet, wird überrascht sein. Stattdessen findet er die Reste einer gallo-römischen Tempelanlage. Aber auch die Römer waren nicht die ersten, die den Kult zelebrierten. Vielmehr setzte der römische Kult auf einem noch älteren keltischen Matronenkult auf. Belege dafür sind die Dreizahl, in der die Göttinen dargestellt werden, und die auffallend reiche Fruchtbarkeits- und Schutzsymbolik. Selbst heute finden diese Muttergottheiten immer wieder Verehrinnen, wie man an frisch abgelegten Blumensträußen und Früchten feststellen kann.

Von der kleinen Ahekapelle ist es nicht mehr weit bis zum Ziel in Nettersheim

Über Berg und Tal

Von Schleiden nach Dreiborn und über die Olefer Hardt zurück
Camper wissen die Schönheiten des Schleidener Tales schon lange zu schätzen. Wir aber wollen höher hinaus und lernen dabei das bäuerlich geprägte Umland mit all seinen Reizen kennen.

DIE WANDERUNG IN KÜRZE

++
Anspruch

4 Std.
Gehzeit

16 km
Länge

Charakter: Abwechslungsreiche Wanderung auf meist gut ausgebauten Wald- und Feldwegen

Wanderkarte: WK 1:25 000 Schleiden/Gemünd im Deutsch-Belgischen Naturpark Hohes Venn-Eifel (WK 4 des Eifelvereins)

Einkehrmöglichkeiten: In Schleiden, unterwegs Restaurant Schafbachmühle

Anfahrt: Mit dem **Auto:** Auf der A1 bis Ausfahrt Schleiden und weiter auf der B 266 bis Gemünd. Dort im Ort an der großen Kreuzung links Richtung Schleiden und dort im Zentrum parken. Mit der **Bahn:** RegionalExpress bis Kall, von dort mit dem Bus 829 Richtung Hellenthal bis Schleiden Bbf.

In der kleinen Fußgängerpassage im Zentrum von **Schleiden** orientieren wir uns Richtung Schloss und Ehrenfriedhof. Das Schloss lassen wir links liegen und gehen weiter geradeaus aus Schleiden hinaus. Hinter dem städtischen Friedhof passieren wir den Ehrenfriedhof. Ohne große Höhenänderung verläuft unser Weg im Wald ein ganzes Stück geradeaus. Unten im Tal reiht sich ein Campingplatz an den nächsten. Zwei Wegabzweigungen nach links ignorieren wir, durchqueren ein freies Wiesengelände und dann einen kleinen Nadelwald, passieren einen Campingplatz. An dessen Ende nehmen wir ein asphaltiertes Quersträßchen rechts und gleich darauf links den Weg Richtung Haperscheidt (Wegzeichen 11). Wir folgen einem kleinen Bachlauf, queren ihn und biegen bei der nächsten Weggabelung scharf rechts ab. An der Bundesstraße gehen wir ein Stück nach links, überqueren sie und biegen auf den **Parkplatz** rechts ein (1 Std.).

Hier geht ein Wiesenweg ab, dessen linkem Abzweig wir parallel zur Bundesstraße folgen. Bei der folgenden Weggabelung gehen wir rechts, leicht bergab und bleiben im Folgenden immer auf diesem Weg. Vor uns auf dem Hügel sehen wir die Häuser von Dreiborn. Wir wandern durch eine Wiese und wieder auf ein Wäldchen zu und biegen dann oberhalb einer Weggabelung rechts auf den Weg ab, der den Berg hinunterführt. Etwas oberhalb des Talgrunds gehen wir auf die Windkrafträder am Horizont zu. Wir passieren ein paar Fischteiche, gehen an der folgenden Gabelung am Beginn des Campingplatzes rechts

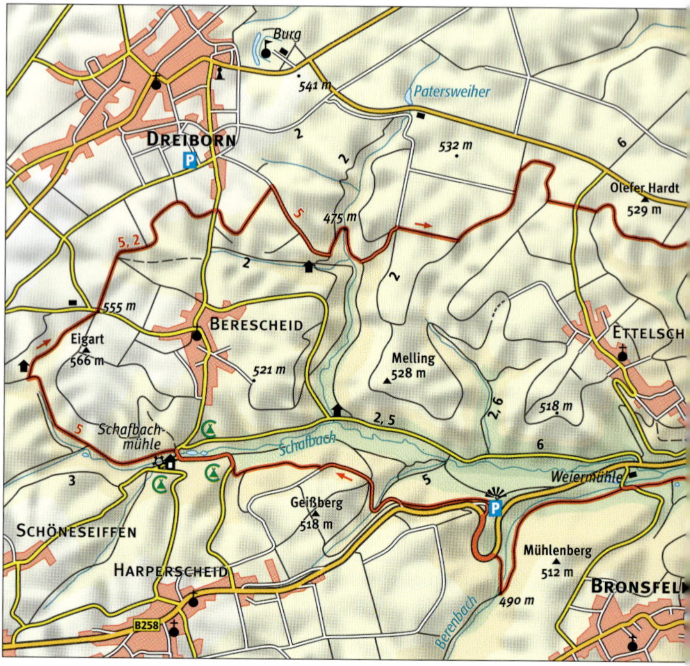

weiter talabwärts bis zum **Restaurant Schafbachmühle** (1.30 Std).

Hier kreuzen sich mehrere Wege, zwei davon mit der Wegnummer 5; wir nehmen den rechten, der zunächst am Bach entlangführt, dann aber den Talhang aufsteigt. Wir folgen dem Weg Nr. 5 beim nächsten Abzweig Richtung Berescheid nach rechts, vorbei an der **Schutzhütte Katzensief**. Am Waldrand entlang geht es bergan, über die schmale Fahrstraße von Berescheid zur L 207 hinweg. Vor uns auf dem Hügel sehen wir wieder Dreiborn, rechts, fast hinter der Kuppe, liegt Berescheid.

Wir gehen hinunter in eine kleine Talmulde und geradeaus weiter, unterhalb des Sportplatzes der Markierung folgend nach rechts und dann über die Straße. Unser Weg macht eine großzügige Linkskurve, läuft dann auf ein asphaltiertes Sträßchen zu, auf das wir nach rechts einbiegen. Von der Kuppe aus hat man noch einmal Gelegenheit, den Blick über um-

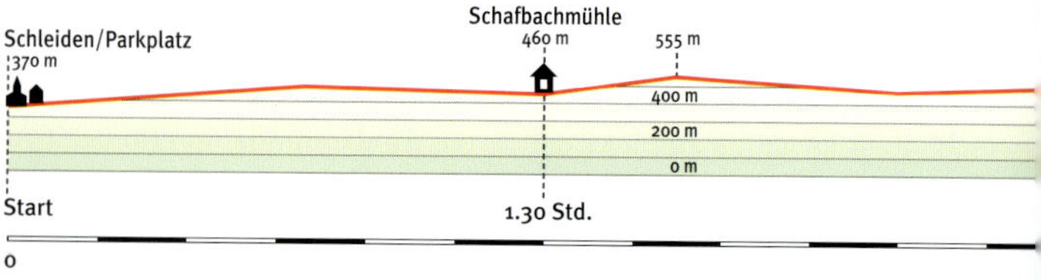

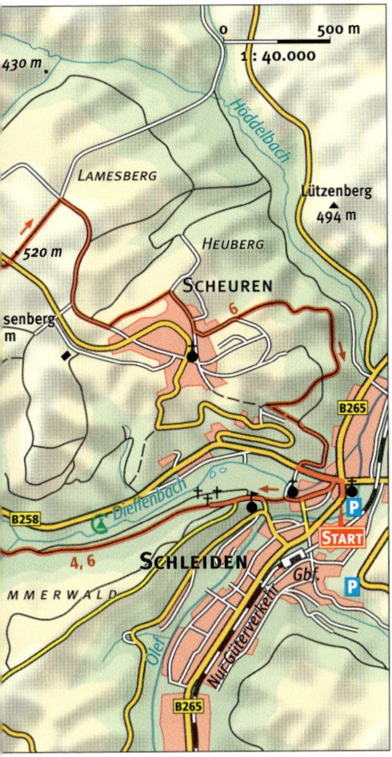

liegenden Höhen schweifen zu lassen, bevor es wieder hinunter ins Tal geht. Kurz vor dem Talgrund gabelt sich der Weg, wir bleiben nach wie vor geradeaus, passieren eine sumpfige Talmulde und erreichen nach einer weiten Rechtskurve unseres Weges schließlich eine weitere Weggabelung. Hier geht es links, relativ steil bergauf. Beim nächsten Querweg wenden wir uns rechts und wandern dann wieder geradeaus Richtung Schleiden.

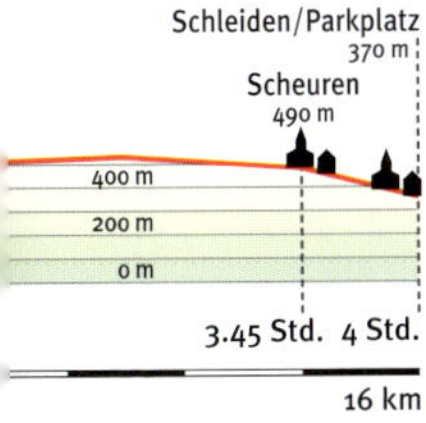

Der Weg über die Kuppe führt uns durch offenes Wiesen- und Ackerland, bevor er sich wieder zu einem kleinen Nadelwald hindrängt. Am Rande des Wäldchens biegen wir nach links ab. Langsam gewinnen wir wieder an Höhe. Der Weg verläuft in einem weiten Linksbogen auf die Kreisstraße 66 zu. Etwa 300 m bevor wir die Straße erreichen, biegen wir bei einer Weggabelung rechts in ein Naturschutzgebiet ab. Am höchsten Punkt unserer Wanderung queren wir die Fahrstraße nach Ettelscheid. Etwa 150 m weiter halten wir uns links. Wir passieren ein Wäldchen, durchqueren zwei Mulden, gehen dann an der Weggabelung links und überqueren die Straße K 66. Bei der folgenden Wegkreuzung biegen wir rechts ab und halten dann immer geradeaus auf **Scheuren** zu (3.45 Std.).

Kurz vor den ersten Häusern des Ortes biegen wir links ab und wandern in etwa parallel zum Hang auf ein Holzhaus zu. Hier biegen wir rechts ab und halten uns geradeaus bis zur letzten Abzweigmöglichkeit vor der Hauptstraße. Hier, bei einem hölzernen Kreuz, biegen wir links ab (Wegzeichen 6). Bei einer Scheune nehmen wir den unbefestigten Weg geradeaus weiter den Berg hinunter. Bald liegt Schleiden vor uns im Tal. Wir folgen dem Weg 6 bei einer Bank nach links durch einen steinigen, ausgewaschen Hohlweg weiter bergab, vorbei an einer mächtigen Weide und zwei großen alten Eichen. Bald haben wir die ersten Häuser von **Schleiden** erreicht.

Beim Haus Nr. 4 biegen wir links ab, folgen der B 258 nach links, biegen an der großen Kreuzung nach rechts ab und haben das **Ortszentrum** erreicht (4 Std.).

Von Burg zu Burg

Von Reifferscheid nach Wildenburg

Eine Tour mit vielen Höhen und Tiefen: kleine ruhige Dörfchen auf sonnenbeschienen Höhen, gemächliche Bäche in breiten Talauen. Ein stetes Auf und Ab mit lohnenden Weitblicken, und jedes Mal lockt ein anderes Panorama.

DIE WANDERUNG IN KÜRZE

++
Anspruch

4.30 Std.
Gehzeit

18 km
Länge

Charakter: Abwechslungsreiche Tour auf meist guten Wegen, kurzer steiler Anstieg vor Wildenburg

Wanderkarte: WK 1:25 000 Hellenthal (WK 14 des Eifelvereins)

Einkehrmöglichkeiten: In Reifferscheidt und Wildenburg

Anfahrt: Mit dem **Auto:** Über die A1 bis Autobahnende Blankenheim, dann auf die Strecke Blankenheim–Trier. Ab Abfahrt Blankenheim auf der B51 Richtung Trier bis zur Abfahrt Aachen, Schleiden, Blankenheimer Dorf, weiter auf der B258 über Schmittheim nach Krekel, kurz hinter Krekel links ab Richtung Reifferscheid. Über Benenberg, Wildenburg und Wiesen bis zur Kreuzung der L 17 und rechts Richtung Reifferscheid. Im Ort ist direkt links ein Parkplatz ausgewiesen. Mit **Bus & Bahn** nur schlecht zu erreichen: Mit dem RegionalExpress bis Kall, dort Bus 829 Richtung Hellenthal bis Blumenthal, Ortsmitte, von dort über das Anruf-Linien-Taxi bis Reifferscheid. Sonntags keine Verbindung

Vom Parkplatz in **Reifferscheid** aus gehen wir zunächst zum Burgberg hinauf, auf dem sorgfältig restaurierte alte Fachwerkhäuser, die Kirche und die alte **Burganlage** zu besichtigen sind. Vom Turm der Burg bietet sich eine schöne Aussicht über Reifferscheid und das Tal.

Wir gehen zurück zum Platz vor dem Burgtor und nehmen den ge-

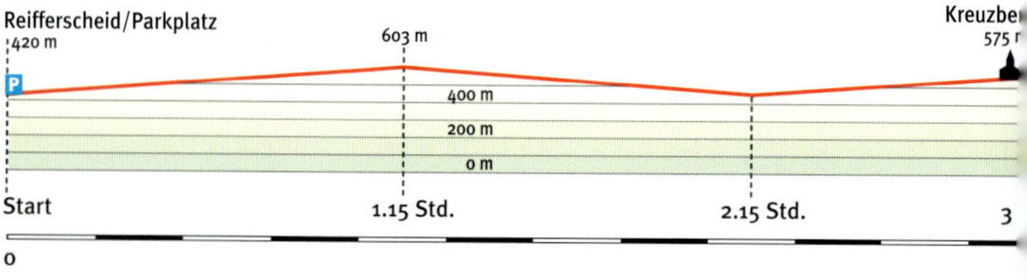

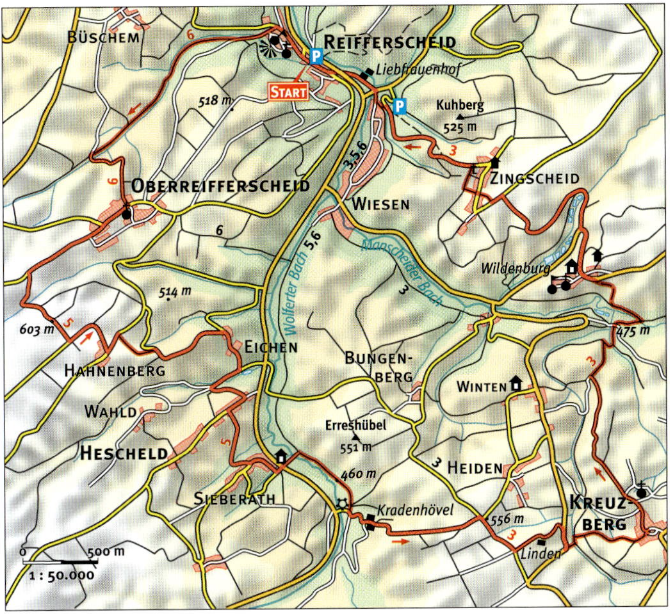

kennzeichneten Wanderweg links. Wir wandern zum Talgrund hinunter, passieren ein kleines Pferdegatter, überqueren den Reinzelbach und wenden uns bei der Wegkreuzung nach rechts. Der Wirtschaftsweg folgt zunächst dem Bachlauf fast unmerklich bergan und wechselt bald auf die andere Seite. Abzweigungen kümmern uns nicht, bis wir zu einer Wegkreuzung mit Bank kommen. Hier nehmen wir den Weg nach links hinauf. Er führt in leichten Serpentinen durch einen kleinen

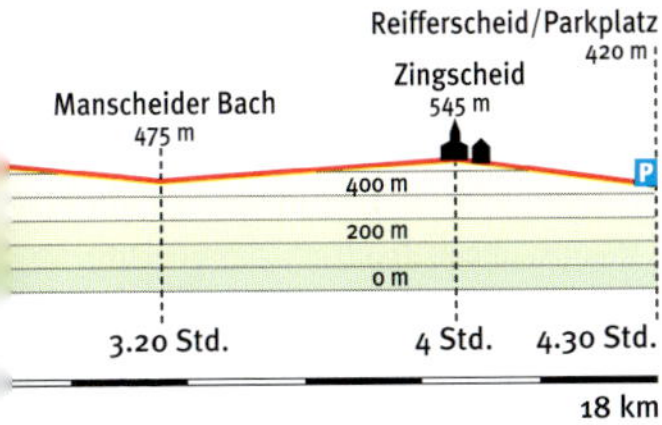

Mischwald und erreicht dann **Oberreifferscheid.**

Wir gehen bis zur Durchgangsstraße und biegen rechts ab. Am Ortsende gehen wir geradeaus weiter (Wegmarke 5) auf eine Kuppe zu. Der Blick über Täler und Höhen wird immer weiter. Kurz vor einer Scheune biegen wir links auf einen geschotterten Weg ab, der direkt auf die Windkraftanlage zuzuführen scheint, aber dann doch in einer Linkskurve daran vorbei und auf eine Kuppe führt. Überall am Horizonts drehen sich die Windräder, die mittlerweile das Landschaftsbild der Eifel so nachhaltig prägen.

Wir folgen dem Schotterweg bis zu einem Mobilfunksendemast, hinter dem wir auf ein Quersträßchen links abbiegen und nach **Hahnenberg** hinunterwandern. Wir gehen aber nicht nach rechts in den Ort hinein, sondern biegen nach links

Der historische Kern von Reifferscheid liegt malerisch auf einem Hügel

ab. Die Straße macht einen leichten Linksbogen, gleich darauf einen zweiten. In dieser Linkskurve biegt rechts ein asphaltierter Weg ab, dem wir folgen. Wir durchqueren einen jungen Laubwald, kreuzen ein Bächlein und wandern zwischen Kuhweiden weiter bergab auf die Häuser von **Haus Eichen** zu.

Wir treffen auf einen Querweg, der links Richtung Reifferscheid führt, hier gehen wir aber rechts und folgen der Fahrstraße leicht bergan Richtung **Hescheld**. Im Ort zweigt nach links ein Asphaltweg ab (Markierung 5), der uns wieder hinausführt. **Sieberath** ist das nächste Örtchen, das wir passieren: Am Durchgangssträßchen links bergab und über die Straße Reifferscheid–Berk hinweg. Hinter dem Sportplatz und der Brücke über den Bach nehmen wir den **Willy-Bordus-Weg** nach rechts. Er führt uns nach **Kradenhövel** hinein und weiter zu einer Wegkreuzung, wo wir dem Asphaltsträßchen nach links steil bergauf folgen. Oben halten wir uns wieder links und verlassen den Ort geradeaus, weiter ansteigend, bis wir auf der Höhe der Kuppe, bei den stählernen Masten einer Überlandleitung, wieder auf eine Wegkreuzung treffen und rechts gehen. Ohne wesentlich an Höhe zu verlieren, gehen wir nun durch Wiesen, vorbei an den Resten eines alten Bunkers, an der nächsten Kreuzung halten wir uns links Richtung **Linden** und dann weiter nach **Unterschömbach**.

Wir folgen der Kreisstraße kurz nach rechts und nehmen hinter dem ersten Haus, in der Rechtskurve, den Weg nach links hinunter über den Bach. Hier halten wir uns wieder links. 30 m weiter zweigt rechts ein schmaler Weg ab (Wegmarke 3), der mäßig steil neben einer Wasserrinne im Nadelwald bergan führt. Ihm folgen wir. Er wird nach einiger Zeit breiter und führt dann zwischen Wiesen und Weiden auf das nächste Eifeldörfchen zu. Am Ortsrand von **Kreuzberg** (3 Std.) nehmen wir vor einer Hecke einen Querweg nach links und gehen geradeaus durch den Ort. Voraus sehen wir die Burg von Wildenburg. Erst außerhalb nehmen wir bei einer Weggabelung die linke Abzweigung.

Der Weg schlängelt sich weiter bergab zwischen Wiesen und Schutthügeln. Immer wieder öffnet sich der Blick auf eine der zahllosen kleinen Ortschaften, schauen Kirchturmspitzen über die Kuppen. Schließlich stehen wir wieder an einem Querweg und halten uns rechts. Es geht in einem weiten Linksbogen halbwegs um eine grüne Kuppe herum, beim nächsten Weg gehen wir rechts. Wir überqueren einen klei-

nen Bach und erreichen einen Wegefünfstern. Hier halten wir uns rechts, nehmen aber von den beiden dort abzweigenden Wegen den linken.Er führt hinein in das grüne Tal des **Manscheider Bachs** (3.20 Std.).

Wir gehen über die Brücke, wenden uns nach links und folgen dann rechts einem schmalen Pfad steil bergauf (Eifelsteig). Er führt direkt zum Ortsbeginn von **Wildenburg.** Wir folgen der Durchgangsstraße Richtung Reifferscheid bergab. An einer möglichst übersichtlichen Stelle wechseln wir auf die rechte Straßenseite und gelangen im Scheitelpunkt der ersten scharfen Linkskurve an einen Abzweig nach rechts, dem wir folgen (Eifelsteig, Zingscheid, Reifferscheid). An den nächsten Gabelungen bleiben wir jeweils auf dem Asphaltweg und wandern durch Laub- und Nadelwald bergauf.

Schließlich treten wir aus dem Wald hinaus und blicken wieder auf die Windkraftanlage vom Beginn der Tour. Einen asphaltierten Querweg nehmen wir nach links, 50 m weiter wieder nach rechts und erreichen die ersten Häuser von **Zingscheid** (4 Std.). Wir überqueren ein Sträßchen, biegen am nächsten Querweg rechts ab und sehen schon bald Reifferscheid unter uns liegen. Wir gehen links auf dem Eifelsteig weiter und verlassen das Örtchen.

Kurz hinter dem Ort, vor der ersten Linkskurve, biegt rechts ein schmaler Pfad ins Gebüsch, der die Straßenkurve abkürzt. Auch die folgende Serpentine lässt sich so abschneiden. Auf diese Weise erreichen wir schnell das Ortsschild von **Reifferscheid.** Wir wenden uns auf der L 203 nach links und biegen unmittelbar vor der Brücke rechts in die Liebfrauenstraße ein. Am Ende der Straße führt ein Fußweg zur Landstraße Hallschlag–Schleiden, auf der anderen Straßenseite erreichen wir, vorbei am Gelände eines Busunternehmens, wieder den **Parkplatz** (4.30 Std.).

Tour 22

Im Rescheider Bleirevier

Von Rescheid durch den Kronenburger Wald

Rescheid, oberhalb der Grube Wohlfahrt gelegen, ist Ausgangspunkt der Wanderung. Am Besucherbergwerk vorbei geht es hinauf zum weithin sichtbaren Fernsehumsetzer und von dort durch ausgedehnte Wälder der Westeifel.

DIE WANDERUNG IN KÜRZE

++ Anspruch

3 Std. Gehzeit

13 km Länge

Charakter: Wenig anstrengende Wanderung auf unterschiedlichsten Wegen, zwei konditionsfördernde Steigungen zu Beginn

Wanderkarte: WK 1:25 000 Hellenthal (WK 14 des Eifelvereins)

Einkehrmöglichkeiten: In Rescheid, Neuhaus und Schnorrenberg

Anfahrt: Mit dem **Auto:** Über die A1 bis zum Autobahnende bei Blankenheim, hier rechts Richtung Blankenheim, dann auf der B51 Richtung Trier/Stadtkyll bis kurz hinter die Abfahrt Dahlem/Dahlemer Binz. Ein kleines Stück weiter rechts etwa 8–9 km der Straße nach Udenbreth folgen bis zu einem Kreisverkehr, hier rechts nach Rescheid, dort im Ortszentrum in der Nähe des Friedhofs parken.

Wir beginnen die Wanderung in **Rescheid** und gehen, der Fahrtrichtung folgend, in den Ort, rechts zur Kirche hinunter und rechts an ihr vorbei. Wir folgen der Straße und biegen in die erste Straße ab (Rescheid 71–76). Die Straße führt uns aus dem Ort hinaus und mündet schließlich auf die Straße nach Hellenthal.

Wir gehen ein Stück nach links und biegen beim Buswartehäuschen nach rechts ab in ein Sträßchen, das weiter talwärts führt. Kurz nach dem Schild »Grube Wohlfahrt« geht es rechts auf einem breiten Pfad weiter den Berg hinunter (Markierung Muschel). Auf der anderen Talseite steigt der mit Gras überwachsene Weg wieder steil an bis zu einem Wäldchen, an dessen Rand wir uns links halten, an der folgenden Wegkreuzung ebenfalls links. Hier auf der

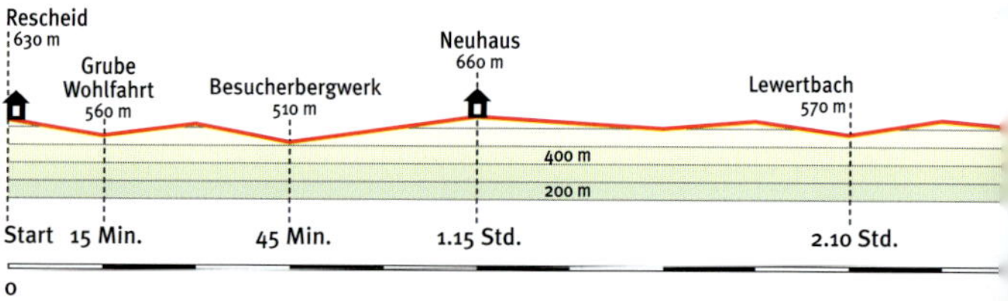

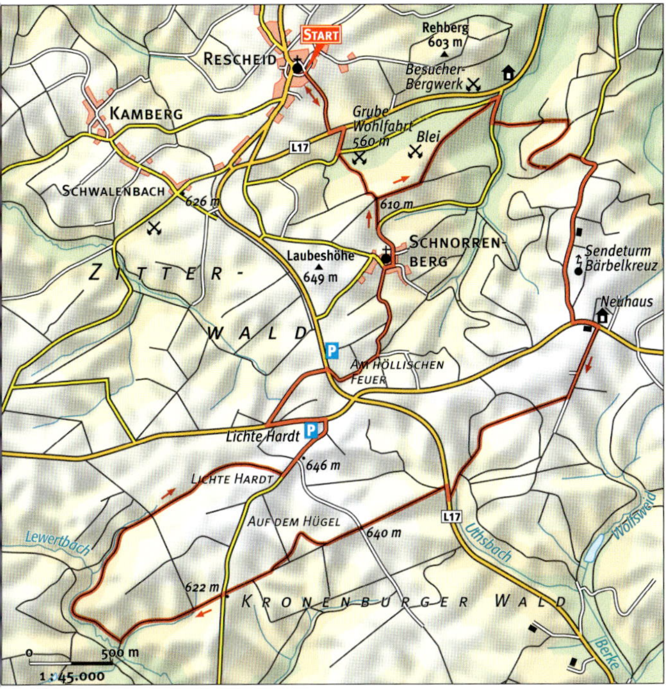

freien Hochfläche geht es nun für ein ganzes Stück geradeaus. Linker Hand auf der Hügelkuppe, neben dem Örtchen Rescheid, erhebt sich ein ganzer Wald von Windrädern – es gibt wohl nirgends in der Eifel eine solche Konzentration von Windkraftanlagen wie hier.

Wir passieren Station 24 des geologisch/montan-historischen Lehrpfades der Gemeinde Hellenthal, gehen noch ein paar Meter geradeaus und biegen dann, am Rande einer Weide, an einer Weggabelung nach links ab. Wir wandern geradeaus bergab, erreichen bald den Wald und dann auch den Talboden. Hier treffen wir wieder auf ein Sträßchen. Es mündet links auf die Straße nach Hellenthal, wir halten uns aber rechts und wandern durch die Wiesen.

Kurz bevor rechter Hand der Wald anfängt, biegen wir links auf einen schmalen Weg ab (Markierung Muschel). Gleich darauf wenden wir uns – der etwas undeutlicheren Wegspur folgend – wieder links. Bei der Gabelung nach der Forstschranke wählen wir den rechts steil bergan führenden Pfad. In den Querweg auf etwa halber Höhe des Hanges biegen wir rechts ab und wandern nun vorläufig eben dahin. Wir passieren eine wei-

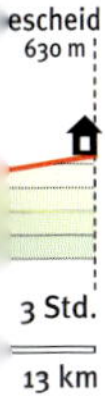

tere Station des Lehrpfads, später eine Forstschranke und gehen weiter geradeaus bis zu einem Asphaltsträßchen, dem wir rechts auf die Hügelkuppe folgen, auf der der Betonturm eines **Fernsehverstärkers** in den Himmel ragt (1 Std.).

Wir gehen weiter geradeaus, langsam ansteigend. Die Wochenendhäuser, an denen wir vorbeikommen, gehören schon zur Ortschaft **Neuhaus** (1.15 Std.). Schließlich erreichen wir die Landstraße 110. Wir gehen neben ihr ein Stück nach links bis zum Gasthaus Im Waldwinkel und biegen dort rechts auf den geschotterten Waldweg ab. Er führt uns fast schnurgerade durch hochstämmigen Nadelwald. Nach etwa einem halben Kilometer zweigt rechts im stumpfen Winkel ein fast ebenso breiter Weg ab, diesem folgen wir, auch über eine Wegkreuzung hinweg. Nach einer Linkskurve geht es wieder deutlich bergab, hinunter zur Landstraße L 17 (1.45 Std.). Wir gehen 30 m nach rechts, überqueren die Straße und nehmen den Weg, der im rechten Winkel von der Straße wegführt. Noch einmal führt der Weg für ein paar Minuten bergauf, dann geht es für ein ganzes Stück weiter geradeaus durch den Wald bergab. Langsam tritt der Nadelhochwald zurück, wird jünger und lichter. Kurz bevor wir den Talboden erreichen, treffen wir auf einen Querweg, auf den wir nach rechts abbiegen.

Ginster hat den Wanderweg fast überwuchert

Wir wandern durch das Tal, das allmählich immer enger wird. Nach einer breiten Schneise mit einem Hochsitz stoßen wir auf einen breiten Querweg und biegen links ab. Bei der folgenden Weggabelung gehen wir geradeaus, beim nächsten Querweg halten wir uns links. Wir passieren einen Wanderparkplatz linker Hand und laufen wieder auf die Landstraße 110 zu. Wieder überqueren wir sie, diesmal nach links versetzt, biegen rechts ab und wandern jetzt durch offenes Wiesengelände mit ein paar Büschen am Weg. Die Landstraße 17 überqueren wir ebenfalls und biegen mit dem Asphaltsträßchen unmittelbar nach rechts ab. »Im höllischen Feuer« heißt dieses Stück Weg, das fast idyllisch zwischen Büschen und Bäumen leicht bergab führt.

Wir treffen auf eine Wegkreuzung und nehmen dort den geschotterten Weg nach links. Er schlängelt sich zwischen Weideflächen auf **Schnorrenberg** zu. An der Durchgangsstraße halten wir uns rechts, biegen gleich darauf links ab, gehen am winzigen Kirchlein vorbei und halten uns an der gleich darauffolgenden Wegkreuzung ebenfalls links, am Friedhof vorbei. Bei der nächsten Gabelung schon außerhalb des Ortes bleiben wir geradeaus und folgen nun dem vom Beginn der Tour bekannten Weg zurück nach **Rescheid** (3 Std.).

Vergangene Berühmtheiten

Kronenburg und das obere Kylltal

Goldfarbene Lavaerde, eine gut erhaltene mittelalterliche Stadtanlage, der einst größte Windpark der Eifel – das sind die markanten Punkte dieser Wanderung. Daneben passieren wir noch das Örtchen Hallschlag, das auch heute noch in den Schlagzeilen auftaucht.

DIE WANDERUNG IN KÜRZE

\+ Anspruch

3.30 Std. Gehzeit

14 km Länge

Charakter: Einfache Wanderung über breite, gut ausgebaute Wanderwege und Asphaltstraßen. Lediglich im Bereich des Kronenburger Burgberges über schmale, steile Pfade.

Wanderkarte: WK 1:25 000 Ferienregion Oberes Kylltal (WK 15 des Eifelvereins)

Einkehrmöglichkeiten: Nur in Kronenburg

Anfahrt: Mit dem **Auto**: Über die A1 bis Autobahnende, dort auf die B 51 Richtung Trier bis Ausfahrt Aachen, Stadtkyll, Kronenburg, auf der B 421 bis Kronenburg. Im Ort links Richtung Parkplätze; vor der Brücke über die Kyll rechts auf den Wanderparkplatz. Mit der **Bahn:** RegionalExpress bis Dahlem (Eifel), von dort mit dem Anruf-Linien-Taxi bis Kronenburg.

Unsere Wanderung beginnt auf dem Wanderparkplatz von **Kronenburg.** Wir gehen über die Kyllbrücke und weiter geradeaus den Neuen Weg entlang bis zum Binzertweg, dort halbrechts bergauf. In der ersten scharfen Rechtskurve nehmen wir geradeaus eine schmale Holzbrücke über die Trasse der ehemaligen Kylltaleisenbahn, dahinter halten wir uns links und verlassen den Ort. Linker Hand öffnet sich der Blick über das Kylltal bis hin zur Talbrücke der B 51.

Wir wandern auf dem von Büschen und Bäumen gesäumten Weg, bei der nächsten Gabelung rechts in eine kurze Eichenallee. Rechts erscheint jetzt am gegenüberliegenden Hang die mittelalterliche Anlage von Kronenburg mit der Burgruine im Zentrum. Am Waldrand endet der Asphalt. Auf dem gut befestigten Forstwirtschaftsweg geht es nun für einige Zeit durch eine Fichtenschonung.

Wir bleiben auf dem Hauptweg, zunächst noch bergauf, dann eben durch den Fichtenwald. Bei einer Wegkreuzung hinter einer Wiese halten wir uns rechts und verlassen den Wald. Zwischen Weideland und Gebüsch geht es einen halben Kilometer fast ohne Höhenunterschiede oder Kurven geradeaus. Ein schmales asphaltiertes Sträßchen überqueren wir in gerader Flucht. Hier oben auf der Hochfläche beginnt schon die Schnee-Eifel, ein eher unwirtlicher und karger Landstrich, der über weite Strecken mit Wald bestanden ist.

Schließlich tritt unser Weg wieder in den Wald ein und trifft bald auf die wenig befahrene Verbindungsstraße Ormont–Kerschenbach. Auf ihr gehen wir rechts und überqueren dort, wo der Buchenwald endet, die Landesgrenze zwischen Rheinland-Pfalz und Nordrhein-Westfalen.

Sobald wir aus dem Wald heraustreten, sehen wir die ersten Rotoren der **Windkraftanlage Ormonter Goldberg.** Diese Anlage war nach ihrer Fertigstellung 1991 die größte ihrer Art in der Eifel. Wir gehen weiter bergan und erreichen etwa auf der Höhe der ersten Abraumhalden der **Lavagrube Goldberg** den mit 612 m höchsten Punkt unserer Wanderung.

Wir bleiben auf der Fahrstraße, die uns geradeaus mit mäßigem Gefälle bergab führt. Etwa auf halbem Weg ins Tal der Taubkyll befindet sich links die Zufahrt zur Lavagrube. Selbst vom versperrten Eingangstor aus kann man erkennen, woher der Name Goldberg kommt: Die am Goldberg, dem westlichsten Vulkan der Vulkaneifel, abgebaute Lava schimmert in allen Braun- und Gelbtönen.

Wir gehen weiter ins Tal, passieren das Wiegehäuschen der Lavagrube und nehmen noch vor Erreichen des Talgrunds den ersten von zwei nach rechts abzweigenden Wegen. Er geht in einen ebenen Wiesenweg über, der zwischen der Taubkyll und einer bewaldeten Kuppe Richtung Hallschlag verläuft. Am Wegrand ragen noch, überwuchert, von Moos und Erde bedeckt, Reste einer alten Bunkeranlage aus dem Boden, Teil des berüchtigten Westwalls, den das Naziregime in den 1930er Jahren bauen ließ.

Wir bleiben jetzt immer auf dem parallel zum Bach verlaufenden Hauptweg. Nach einem guten Kilometer treten wir schließlich aus dem Wald heraus, überqueren ein Asphaltsträßchen und tauchen wieder in den Wald ein. Schließlich erreichen wir, kurz vor einer **Schutzhütte,** eine Weggabelung, hier gehen wir halbrechts weiter bergan. Wir halten die Richtung, bis wir an einer deutlichen Weggabelung stehen. Hier folgen wir dem – später asphaltierten – Weg nach links, Richtung Waldrand. An der folgenden Gabelung, an der eine weitere Schutzhütte steht, die ins obere Kylltal blickt, halten wir uns rechts.

Wir wandern jetzt ohne großen Höhenunterschied am Waldrand entlang. Dort wo der Weg wieder in den Wald eintritt, zweigt linker Hand – durch ein geschlossenes Weidegatter – ein Wiesenweg ab. Diesem folgen wir. Links hinter uns liegt jetzt der Ort **Hallschlag,** der immer wieder in die Schlagzeilen gerät: Auf dem Gelände der im Ersten Weltkrieg erbauten Giftgas- und Munitionsfabrik Espagit liegen noch immer Reste von chemischen Kampf- und Sprengstoffen. Als man im Jahr 1991 begann, das Fabrikgelände zu räumen, wurden an die Bewohner Hallschlags

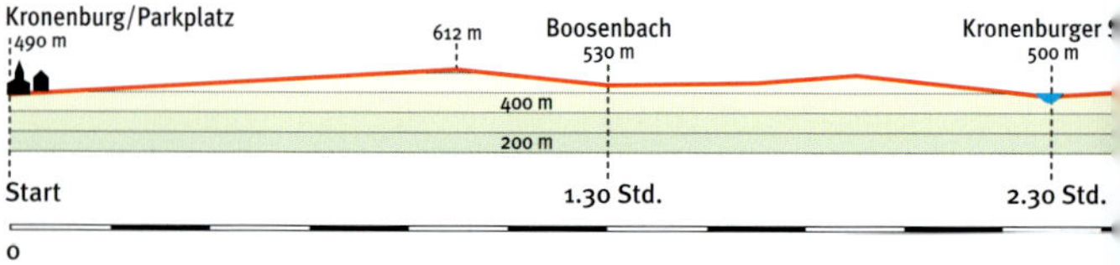

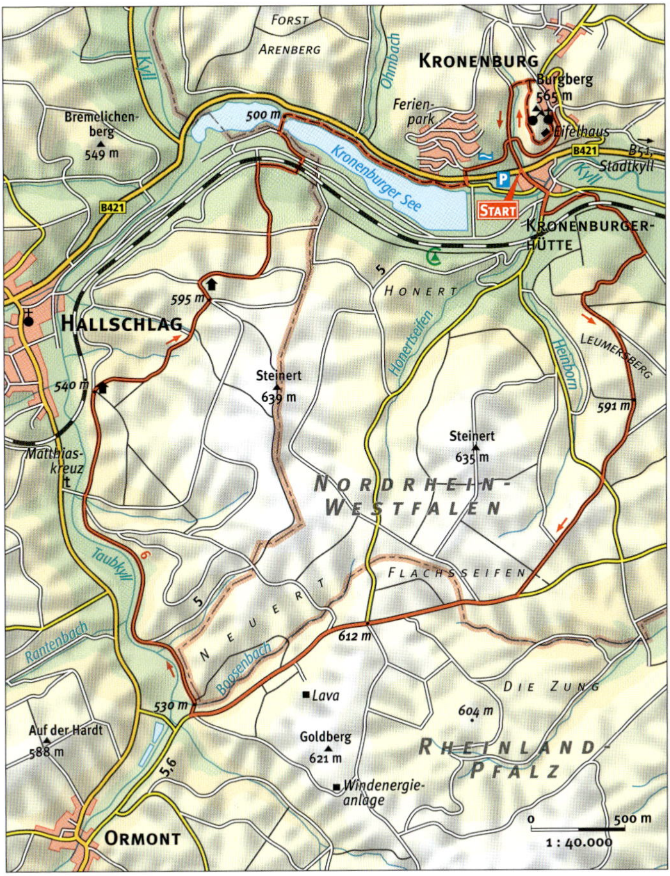

vorsichtshalber Giftgasmasken ausgeteilt, 1998 wurden die Bürger aufgefordert, die Filter zu überprüfen. Mittlerweile gilt das Gelände von offizieller Seite als kampfstofffrei, doch wurde die Hälfte des Gebietes nicht geräumt, sondern lediglich mit meterdicken Erdeschichten bedeckt.

Vor uns ist schon wieder der Burgberg von Kronenburg zu erkennen, unten im Tal blinkt der Kronenburger Stausee durch die Baumspitzen. Vorbei an dem teilweise eingezäunten Laub- und Stangenwald zur Rechten geht es jetzt mit leichtem Gefälle fast in direkter Linie zu Tal. Unmittelbar vor einer Hecke treffen wir auf einen Querweg, dem wir nach rechts folgen. Er verläuft fast

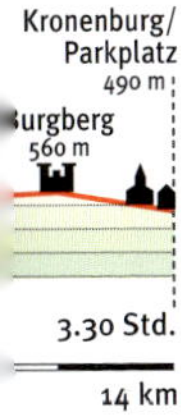

parallel zur Trasse der Kylltalbahn. Bei einem Strommast überqueren wir die fast zugewachsenen Bahnstrecke – die Kylltalbahn verkehrt nicht mehr.

Auf der anderen Seite geht es weglos einen kleinen Hang hinunter. Hier den richtigen Einstieg zu finden erfordert Pfadfindergeist. Bei feuchtem Wetter ist der Hang außerdem rutschig. Doch nach wenigen Metern biegen wir in einen asphaltierten Querweg nach rechts ein. Nach etwa 150 m stößt von links im spitzen Winkel ein schmaler Asphaltweg auf unseren Weg. Hier biegen wir links ab, halten uns beim nächsten Querweg wieder links und erreichen das Ufer des **Kronenburger Stausees** (2.30 Std.).

Ein Steg führt uns über den Oberlauf des Stausees, dann folgen wir ein ganzes Stück weit dem Uferweg. Am Seeufer laden Bänke zu einer idyllischen Rast. Wenige Meter vor der Staumauer führt links eine hölzerne Fußgängerbrücke über die B 421. Auf der anderen Seite halten wir uns halbrechts und steigen hinauf zu dem Sträßchen, das an der Rezeption der Ferienanlage vorbeiläuft. Wir gehen nach rechts bis zu der Stelle, wo die Einfahrt zur Ferienanlage eine weit ausholende Rechtskehre macht, und nehmen auf der Straßenseite gegenüber einen schmalen Weg, der den Hang des Burgberges entlangführt. Die stilisierte Muschel am Verkehrschild zur Rechten zeigt an, dass hier ein Stück des Jakobspilgerweges verläuft.

Leicht ansteigend geht es auf dem gut ausgebauten Pfad voran. Über Treppenstufen steigen wir zu einem weiteren Pfad hinauf und erreichen bald einen Querweg, auf den wir nach rechts abbiegen. Nach etwa 50 m erreichen wir den Parkplatz eines Restaurants und gleich darauf eine Straße. Die Wilhelm-Tell-Gasse führt als Treppenweg hinauf zum Osttor, durch das wir den historischen Ortskern von **Kronenburg** erreichen (3.15 Std.).

Wir verlassen ihn durch das Nordtor, gehen über den Parkplatz und nehmen an dessen Ende, zwischen Transformatorenmast und WC-Häuschen, den Wiesenpfad, der im weiten Bogen unterhalb der Burgruine bergab führt. Dabei stoßen wir auf unseren Aufstiegspfad, auf den wir nach rechts abbiegen.

Auf nun schon bekanntem Weg geht es zurück bis zu der engen Kurve in der Auffahrt zum Feriendorf. Hier halten wir uns nun aber links, gehen zur B 421, überqueren diese an der Ampel und laufen nun noch das kurze Stück bis zu unserem **Parkplatz** am Ufer der Kyll (3.30 Std.).

Sankt Johann Baptist

Die Pfarrkirche in Kronenburg – insbesondere ihr spätgotischer Innenraum – gilt als eine der bedeutendsten ihrer Art in der Eifel. Der Kirchturm selbst war als Wehrturm in die Wehranlage integriert. Das Gotteshaus, dessen Vorbild die Franziskanerkirche in Salzburg war, ist eine für die Eifel recht untypische Einstützenkirche, deren vier Gewölbe im Innern von nur einem in der Mitte der Kirche stehenden Pfeiler getragen werden. Die Säule verzweigt sich fächerartig in zehn Gewölberippen und endet in prächtigen Schluss-Steinen, die Bildnisse von Heiligen und von den Stiftern zeigen. Angeregt hatten den Bau der Graf Cuno von Manderscheid-Schleiden und seine Gemahlin Mathilde; Gräfin von Virneburg trieb den Bau in 16- jähriger Bauzeit ab dem Jahre 1492 voran.

Feuer und Eisen

Von Jünkerath zum Kreuzberg

Bis auf die Kelten führt man den Abbau von Eisen in dieser Gegend zurück. Diese Tradition setzte sich bis in die Neuzeit fort. Wer es nicht glaubt, sollte sich einmal im Eisenmuseum in Jünkerath umsehen.

DIE WANDERUNG IN KÜRZE

+ Anspruch

3 Std. Gehzeit

13 km Länge

Charakter: Abwechslungsreiche Wanderung auf unterschiedlichsten Wegen, am Anfang und Ende auch auf Straßen

Wanderkarte: WK 1:25 000 Ferienregion Oberes Kylltal (WK 15 des Eifelvereins)

Einkehrmöglichkeiten: In Jünkerath

Anfahrt: Mit dem **Auto:** Auf der A1 bis Autobahnende Blankenheim, dann auf der B51 Trier bis zur Ausfahrt Stadtkyll. Dort links Richtung Stadtkyll, im Ortszentrum dann der Beschilderung nach Jünkerath folgend. Durch Jünkerath geradeaus hindurch, kurz vor dem Ortsende links hinunter zum Bahnhof, dort Parkmöglichkeiten. Mit der **Bahn:** Regelmäßige Verbindungen mit dem Regional-Express bis Jünkerath.

Wir beginnen die Wanderung am Bahnhof von **Jünkerath** und begeben uns aus dem Bahnhof heraustretend auf der Straße nach rechts. Nach etwa 30 m, in einer Linkskurve, biegen wir nach rechts auf den Weg Richtung Stadtkyll und Kronenburger See, parallel zu den Bahngleisen. Linker Hand fließt die Kyll, die wir bald auf einer schmalen Holzbrücke überqueren. Am Ende der Brücke gehen wir hinauf Richtung Durchgangsstraße und biegen dort nach rechts ab. Beim Kreisverkehr nehmen wir die erste Straße rechts Richtung Esch und Feusdorf. Sie führt uns auf der blaugelben Brücke über die Bahnstrecke Köln–Trier.

Am Ende der Brücke gelangen wir an eine Straßengabelung und nehmen den linken Abzweig, das Kreissträßchen Richtung Esch, nach knapp 100 m leider ohne Fußweg. Wir folgen dem Straßenverlauf, bald durch einen Mischwald, vorbei am Tennisplatz, unter einer Hochspannungsleitung hindurch, dann, nach einer leichten Rechtskurve und unmittelbar bevor der Wald aufhört, endlich nach rechts in den Wald (30 Min.). Es geht leicht bergab durch schattigen Buchen-Mischwald. Wir bleiben auf dem deutlich markierten breiten Waldwirtschaftsweg (Wegmarkierung F3), gehen ein kurzes Stück unterhalb der Hochspannungsleitung entlang und verlassen sie dann wieder, überqueren später ein Bächlein, kommen hier in lichten Nadelhochwald. In einer Rechtskurve durchschreiten wir eine kleine Talsohle, überqueren direkt dahinter wieder ein Bächlein und stoßen auf einen Querweg. Hier biegen wir nach rechts ab.

Es geht weiter leicht bergab, rechts unten begleitet uns der Büffelbach (Wegmarkierungen J6, F2, F3). Bei einer Kreuzung, an der zwei Wege von links einmünden, halten wir uns rechts, etwa 300 Meter weiter biegen wir links auf den leicht bergan führenden Weg (1 Std.).

In leichtem Auf und Ab geht es nun durch den Mischwald, junge Buchen spannen ihre Kronen über den Weg und spenden im Hochsommer willkommenen Schatten. Über die nächste Wegkreuzung gehen wir geradeaus (F2, F3) auf einen schmalen Pfad, und genauso bei der kurz darauf folgenden Pfadverzweigung.

Oberhalb einiger Häuser tritt der Pfad schließlich wieder in freies Gelände, hier biegen wir nicht nach rechts zu den Häusern, sondern wir laufen weiter geradeaus. Es geht dann auf einem gut befestigten Querweg nach rechts (F1, F2, F3). Fast ohne Höhenunterschiede führt er durch den Buchenhochwald. Vor einem Zaun geht es links weiter, auf dem geteerten Fahrweg, auf den er danach mündet, rechts. Er führt direkt in das Örtchen **Auf Rött** hinein (1.30 Std.). Wir überqueren die Durchgangsstraße und folgen auf der anderen Seite der Kirchstraße leicht bergab.

Unmittelbar vor einem Bauernhof halten wir uns zunächst rechts und überqueren ein Asphaltsträßchen, gehen dann zwischen zwei Bauernhöfen hindurch auf die Straße, die aus dem Ort hinausführt. Vor uns öffnet sich nun der Blick über Wiesen und bewaldete Hügel. Wir folgen der Straße bis zu einer Bank rechter Hand. Hier nehmen wir nicht den Wiesenweg nach rechts, sondern steuern links auf das Verbindungssträßchen Feusdorf–Birgel zu, überqueren dieses und bleiben an der folgenden Wegkreuzung auf dem asphaltierten Wegstück nach rechts.

Vor uns dehnen sich weite Wiesen, am Horizont erhebt sich eine der für die Eifel so typischen Wacholderkuppen, dazwischen buschgesäumte Wege und baumbestandene Hügel. An der nächsten deutlichen Wegkreuzung biegen wir rechts ab und wandern auf dem Weg, der mit hellem Schottergestein befestigt ist, am Fuß des Kreuzbergs entlang. An der Gabelung halten wir uns links leicht bergab und halten nun wieder auf die Straße nach Feusdorf zu. Ein Zaun versperrt den Weg, wir wenden uns nach links und stoßen auf einen rechts abbiegenden Weg; auf diesen biegen wir ein und erreichen kurz darauf die Straße. Wir gehen links hinunter Richtung Birgel, vorbei an einem Naturschutzgebiet. Beim Schild »Wasserschutzgebiet« nehmen wir den Weg nach rechts (Markierung 1). Linker Hand öffnet sich der Blick weit auf Höhenzüge, die schon zur Südeifel gehören, rechts erhebt sich eine Wacholderkuppe, die der Landschaft ihren ganz eigenen Reiz verleiht.

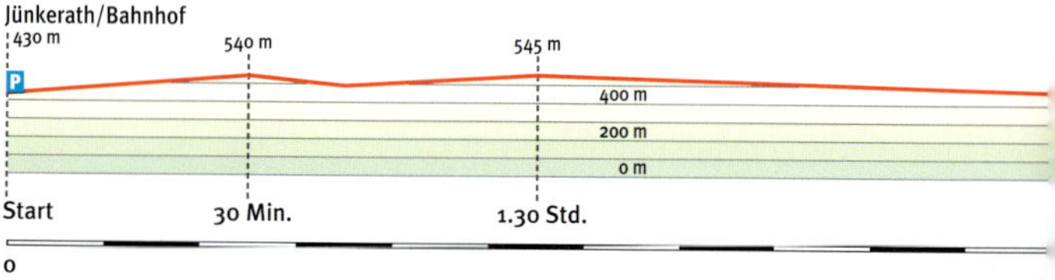

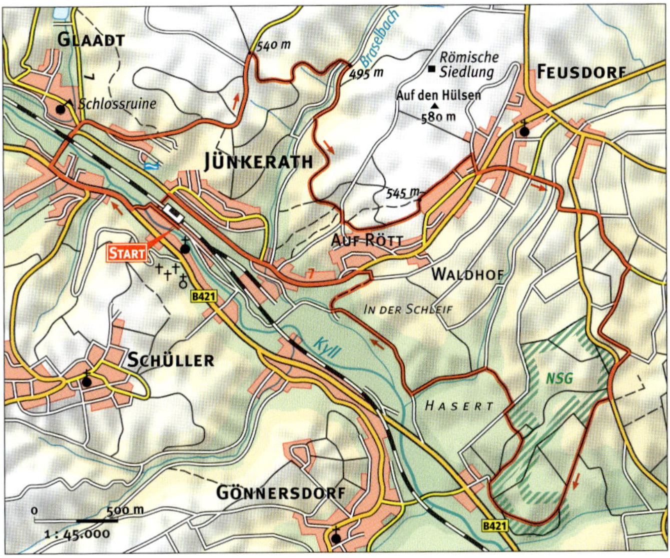

Wir bleiben immer hart am Waldrand links und laufen dann endlich in den Wald hinein, in dem sich rechter Hand unerwartet ein Felsriegel erhebt. Eine Lichtung durchqueren wir geradeaus, nähern uns wieder einer Straße, biegen aber etwa 20 m davor, beim Schild »Naturschutzgebiet«, rechts ab und wandern am Fuße eines mit Kalkmagerrasen bewachsenen Hügels leicht bergan.

Nun heißt es aufpassen: Kurz bevor wir eine Hochspannungsleitung passieren, am Beginn einer geschlossenen Buschgruppe, überqueren wir – ohne Weg – die Wiese nach links. Am anderen Ende der Wiese treffen wir genau dort, wo die Hochspannungsleitung verläuft, auf einen undeutlichen Pfad, der hinauf zu einem asphaltierten Quersträßchen führt. Wir gehen auf der Straße ein paar Schritte nach rechts, biegen links am Waldrand wieder ein, und bald geht es auch schon wieder in den Wald hinein, eine schmalen Pfad hinunter. Wir biegen auf einen schotterigen Querweg links ab und gehen geradeaus auf das Örtchen **Gönnersdorf** zu, biegen aber kurz vor den ersten Häusern, die wir mehr erahnen als sehen können, im rechten Winkel nach rechts ab. Dieser grasbewachsene Weg führt uns nun fast eben zurück Richtung Jünkerath.

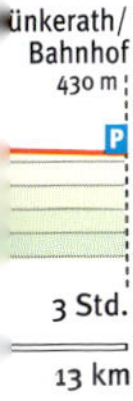

Wir halten uns zunächst auf dem Hauptweg, gehen bei einer Gabelung links, wenden uns unmittelbar vor einer Mauer nach rechts und erreichen die Straße nach **Jünkerath,** der wir nach links bergab folgen; noch ein Stück neben der Straße her und wir erreichen den **Bahnhof** (3 Std.)

Tour 25

Eifelschönheiten

Von Mirbach durch das Lampertstal nach Alendorf und zurück
Jedem Vorbeifahrenden fällt als erstes die Kirche von Mirbach ins Auge. Auf diese Art und Weise neugierig gemacht, findet man neben dem interessantesten Gotteshaus der Region bei einer kurzen Wanderung auch noch eines der schönsten Täler der ganzen Eifel.

DIE WANDERUNG IN KÜRZE

+ Anspruch

3 Std. Gehzeit

13 km Länge

Charakter: Leichte Wanderung auf meist guten Feld- und Waldwegen; sanfte Anstiege

Wanderkarte: WK 1:25 000 Blankenheim/Oberes Ahrtal im Deutsch-Belgischen Naturpark (WK 12 des Eifelvereins)

Einkehrmöglichkeiten: In Alendorf

Anfahrt: Mit dem **Auto:** Von Osten über die A1 bis Autobahnende Blankenheim, dort geradeaus Richtung Gerolstein. Von Süden über L 115 bis Mirbach. Parken im Ort am Infozentrum unterhalb der Erlöserkapelle. Keine **Bahn**verbindung.

Hinweis: Naturkundlich Interessierte sollten etwas mehr Zeit für das NSG Lampertstal einplanen.

Wir starten in **Mirbach** am Parkplatz unterhalb der Erlöserkapelle. Die Kirche im Rücken wenden wir uns auf der Straße nach links, gehen vorbei an der Bushaltestelle geradeaus und nehmen schließlich am Ortsrand das Asphaltsträßchen, das unmittelbar hinter einer Gebüsch- und Baumreihe nach links abzweigt und uns schnurstracks auf das **Naturdenkmal Eusberg** zuführt: die erste von mehreren mit Wacholderheide bewachsenen Kuppen. Eine Infotafel am Fuße des Eusbergs informiert über die Besonderheiten dieser Vegetation.

Wir nehmen den sanft ansteigenden Wiesenweg, der rechts von der Infotafel wegführt. Zur Linken die Kuppe, rechter Hand saftige grüne Wiesen, erklimmen wir in gehöriger Distanz zur parallel verlaufenden Landstraße Ahrhütte-Hillesheim die Anhöhe und überschreiten dabei die Landesgrenze zwischen Rheinland-Pfalz und Nordrhein-Westfalen. Auf der Höhe (höchster Punkt mit 496 m) sollte man sich noch einmal umdrehen und den Blick über das Örtchen Mirbach gleiten lassen, über dem schützend die Erlöserkapelle thront.

Voraus tauchen die Häuser von Dollendorf auf. Am Horizont dahinter die markante Kuppe des Aremberges. Vorbei an Weideflächen und Feldern wandern wir geradeaus sanft bergab und ignorieren alle Ab-

Nicht zu übersehen: Immer wieder prägt der Aremberg den Horizont

zweigungen, bis unser Feldweg auf einen asphaltierten Wirtschaftsweg trifft. Auf diesem biegen wir scharf nach links, verlassen ihn aber schon an der nächsten Abzweigung wieder nach rechts.

Wieder steuern wir auf eine Wacholderheidekuppe zu, den **Reinesberg.** Am Rand der Wacholderheide biegen wir nach links, wenige Meter danach wieder nach rechts (Schild »Naturschutzgebiet«).

Hier verlassen wir nun allmählich die offene Hochfläche, der Weg senkt sich zwischen Gebüsch und Kiefern langsam wieder ins Lampertstal. Einen links abzweigenden Wiesenweg zu einem Hochsitz lassen wir unbeachtet. Aber Achtung am Ende der Wiese: Hier folgen mehrere Gabelungen kurz hintereinander. An der ersten – unmittelbar am Waldrand – halten wir uns links, nach einem Hochsitz wählen wir den rechten Weg, und nach knapp 50 m folgen wir dem etwas weniger ausgetretenen geradeaus führenden Abzweig, während die deutlicher ausgeprägte Wegspur nach rechts abzweigt. Die schmale Spur links den Hang hinauf ignorieren wir.

Bald wandern wir bergab durch reinen Buchenwald, dessen Kronen nur vereinzelte Lichtreflexe durchlassen. Unvermittelt tritt der Weg aus dem Wald hinaus und trifft spitzwinklig auf einen Querweg, dem wir nach links folgen.

Wir haben jetzt den Grund des **Lampertstales** erreicht, nach dem das ganze Naturschutzgebiet benannt ist. Der Talgrund ist weitgehend frei von höherem Bewuchs, an den Hängen links und rechts steht Mischwald. Die größte Vielfalt zeigen aber die Übergangsbereiche zwischen Wald und Talgrund. Vielfältig ist auch die Insektenwelt, an schönen Sommertagen kann man zehn und mehr verschiedene Schmetterlingsarten beobachten.

Wir wandern auf der linken Talseite unmerklich bergan. Nach einer knappen Viertelstunde erreichen wir einen **Picknickplatz** mit einer großen Infotafel zu Besonderheiten der Geologie, Flora und Fauna der Lampertstales (1 Std.). Wir gehen noch ein paar Meter in unserer Richtung weiter und wechseln dann auf die andere Talseite – trockenen Fußes, da der Bach hier im durchlässigen Kalkboden verschwindet! Auf einer deutlich ausgeprägten Wegspur gehen wir links (Infotafel). Langsam steigen wir vom Talgrund auf und erreichen die Häuser von **Alendorf.** Rechter Hand erhebt sich ein Wacholderhang. Dort wo die Wacholderheide in eine Wiese übergeht, führt rechts ein Wiesenweg den Hang hinauf zum Kalvarienberg. Wir wandern an seinem Fuß entlang, nehmen nicht die schmale Spur Richtung Dorf und treffen schließlich auf den Kreuzweg, der rechts hinaufführt.

Der Aufstieg lohnt nicht nur wegen der aus dem 17. Jh. stammenden Kreuzwegstationen, auch die Wacholderkuppe hat ihren ganz eigenen landschaftlichen Reiz. Beeindruckend ist auch der Ausblick von der höchsten Stelle des **Kalvarienberges** zu Füßen des Gekreuzigten (1.45 Std.).

Wir steigen wieder ab, können unmittelbar nach der vorletzten Station nach rechts abkürzen, queren das Sträßchen und passieren ein Feld zur Linken. Halbrechts sehen wir unter zwei Fichten eine weitere Station des Kreuzweges. Wir gehen nach links, queren die Landstraße und erreichen die malerisch von alten Bäumen umgebene **Kapelle St. Agatha** auf einem Hügel über dem Ort. Von

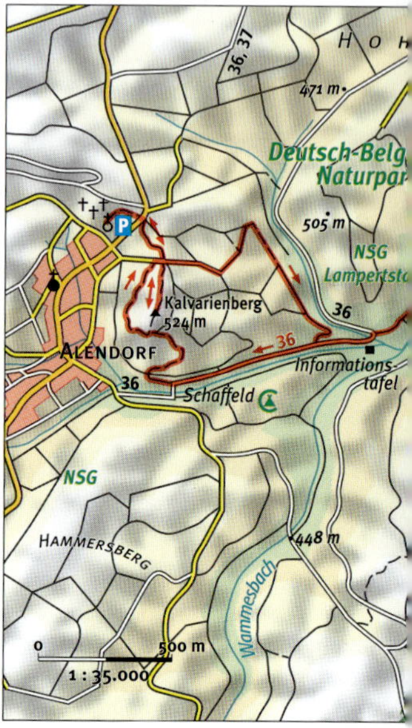

hier oben hat man einen schönen Blick auf Alendorf und die umliegenden Wacholderheidekuppen.

Nach der Rast geht es zurück über die Landstraße, vorbei am Kreuz, bis zum Fuß des Kalvarienberges. An der Wegkreuzung wählen wir den zunächst noch geteerten Weg nach links. Er senkt sich nun langsam zwischen Wiesen und Feldern zu Tal. Eine erste Abzweigung nach links lassen wir unbeachtet, folgen dem Linksbogen und wechseln unmittelbar vor einem Weidezaun auf eine Wegspur, die nach links am Zaun entlang auf eine Gebüschgruppe zu-

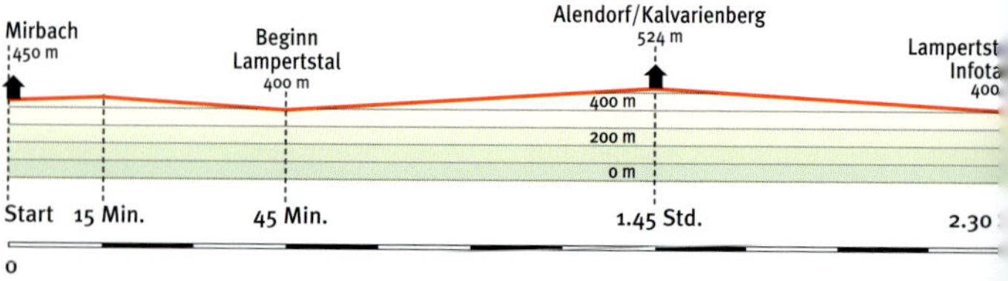

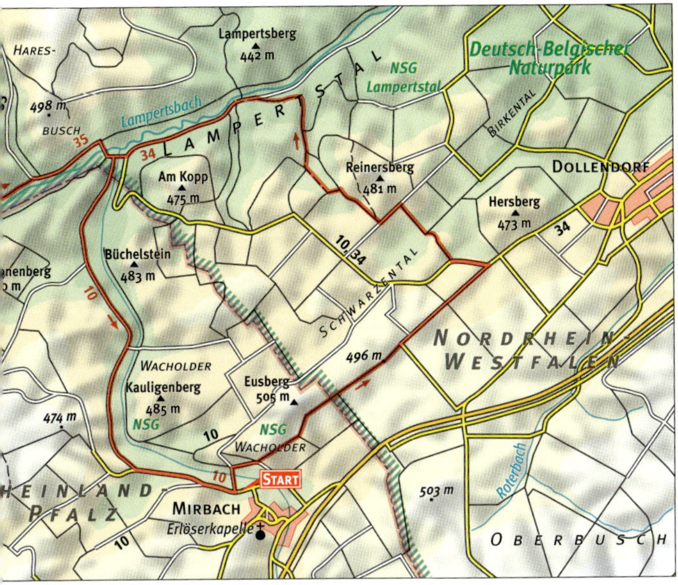

führt. Wir passieren einen Hochsitz und gehen weiter am Weidezaun entlang und zwischen Büschen talwärts, erst zwischen den Hecken, dann durch einen lichten Buchenwald. Am Ausgang des Waldes treffen wir wieder auf den Weg in Lampertstal.

Wir wenden uns scharf nach links und folgen dem Weg bis zurück zum **Picknickplatz** mit der großen Infotafel (2.30 Std.).

Hier wählen wir nun den rechten Weg, der uns durch ein Seitental des Lampertstales wieder nach Mirbach bringen soll. Nach einer Rechtskurve weitet sich das Tal, wir befinden uns am Fuße des **Naturdenkmals Dürrer Berg,** ebenfalls ein Wacholderheidehang. Das Tal schwingt nun in einem weiten Bogen nach links.

Ein asphaltierter Querweg führt uns links nach **Mirbach.** Im Ort halten wir uns an der ersten Weggabelung links, an der nächsten Gabelung rechts hinauf, ebenso an der Abzweigung der Straße Cammillashöh, sofort danach links und gleich darauf wieder links. Nun erreichen wir nach rechts den Platz zwischen dem Friedhof und Erlöserkapelle und am Fuße des Kirchhügels den **Parkplatz** (3 Std.).

Die Erlöserkapelle von Mirbach

Weiß getüncht, schmal und spitz zeigen die Kirchtürme der Eifeldörfer in den Himmel. Ganz anders die Erlöserkapelle in Mirbach: Breit und

Breit und behäbig thront die Erlöserkapelle über dem Örtchen Mirbach

behäbig steht das neoromanische Gotteshaus über dem Ort. Es wurde um das Jahr 1902 an der Stelle der baufälligen Sebastianskapelle errichtet.

Die Gemeinde hatte damals kein Geld, um eine Renovierung oder gar einen Neubau zu finanzieren. So bat man den Freiherrn von Mirbach um finanzielle Hilfe. Er war Oberhofmeiser der Kaiserin Auguste Viktoria und auf der Suche nach der Herkunft seiner Vorfahren auf das kleine Örtchen Mirbach gestoßen. Derart emotional mit dem Ort verbunden, war er gerne bereit, den Kirchenbau zu finanzieren. Da er zugleich Vorsitzender des Evangelischen Kirchenbauvereins war, welcher schon die Erlöserkirche in Jerusalem und die Kaiser-Wilhelm-Gedächtniskirche in Berlin hatte erbauen lassen, verfügte er über die richtigen Kontakte. Und weil die Kirche auch ein Denkmal zur Würdigung seiner Vorfahren werden sollte, sparte er nicht an wertvollen Kunstwerken.

Neben der Kirche stammt noch ein weiteres Bauwerk von ihm: Einige Schritte weiter Richtung Westen steht eine Mauer, die die Ruine der alten Burg derer von Mirbach darstellen soll. Eine solche hat es aber nachweislich nicht gegeben. Der Freiherr von Mirbach ließ einfach einen alten Mauerrest mit bearbeiteten Steinen – teilweise aus echten Burgruinen – ›aufmöbeln‹, um so seinem Ahnenstolz auch einen ›historischen Platz‹ geben zu können, den er dann auch in überzeugender Weise als seine Stammburg ausgab.

Traumhaft schöne Eifel

Von Alendorf durchs Lampertstal

Das Naturschutzgebiet Lampertstal in seiner ganzen Länge zu genießen ist Thema dieser Wanderung. Es ist eines der schönsten Täler in der ganzen Eifel, vor allem im Frühjahr und im Sommer, und trotzdem erstaunlich ruhig und einsam.

DIE WANDERUNG IN KÜRZE

+ Anspruch

2.30 Std. Gehzeit

10 km Länge

Charakter: Einfache Wanderung auf guten Wegen, kurze Strecken auf Pfaden

Wanderkarte: WK 1:25 000 Blankenheim/Oberes Ahrtal im Deutsch-Belgischen Naturpark (WK 12 des Eifelvereins)

Einkehrmöglichkeiten: In Alendorf

Anfahrt: Mit dem **Auto:** Von Osten über die A1 bis Autobahnende Blankenheim, dort geradeaus Richtung Gerolstein/Hillesheim. Nachdem das Ahrtal passiert wurde, nächste Möglichkeit nach Dollendorf, von dort über Ripsdorf nach Alendorf. Keine **Bahnverbindung**

Hinweis: Naturkundlich Interessierte sollten etwas mehr Zeit für das NSG Lampertstal einplanen.

Ausgangspunkt unserer Wanderung ist der Parkplatz an der an der Kapelle St. Agatha kurz vor dem Ortseingangsschild von **Alendorf.** Vom Parkplatz gehen wir zurück zur Straße, überqueren sie und orientieren uns dann nach rechts, auf den wacholderbestandenen Hügel mit dem Kreuz auf der Spitze zu. Wir folgen den Kreuzwegstationen bis zum Gipfel mit dem Sandsteinkreuz von 1675.

Nun gehen wir nach links auf einen schmalen Pfad, der bergab führt und bei einem Weidezaun nach rechts abbiegt. Wenig später gabelt er sich, wir wählen den Abzweig, der etwas steiler nach links hinunter führt. Achtung: Der Pfad ist schmal und leicht zu übersehen. Wir passieren eine Sitzbank und wenige Schritte später einen alten Wiesenweg. Gleich darauf geht es links durch die Büsche hinunter auf einen gut befestigten Wirtschaftsweg, auf den wir nach links abbiegen. Hier beginnt das **Naturschutzgebiet Lampertstal.**

Wir wandern für eine ganze Weile immer geradeaus auf der linken, also der nördlichen Talseite und ignorieren alle etwas undeutlicheren Abzweigungen. Allmählich öffnet sich das Tal. Rechter Hand breitet sich die Bachaue aus, linker Hand begleitet Buchen- und Eichenwald den Weg. Auch die typischen Wacholderkuppen sind zu sehen: Das Tal des Lampertsbaches ist eines der größten Wacholderschutzgebiete der Eifel. Zudem blühen hier etwa Ende Mai auf dem Kalkmagerrasen der Talwiesen seltene Orchideenarten, und bis weit in den Herbst hinein findet man große Flächen mit Herbstzeitlosen. In dem Wald zur Linken wird das Alt- und Totholz unberührt gelassen, um die natürliche Regeneration zu fördern. Vorsicht also: Hier könnten abgestorbenen Äste abbrechen.

Nach guten 4 km und einer knappen Stunde Gehzeit macht das Tal einen weiten Rechtsbogen, an dessen Ende wir auf die Fahrstraße von Dollendorf nach Ripsdorf treffen. Wir gehen hier etwa 300 m nach rechts und nehmen dann den asphaltierten Weg nach Hüngersdorf nach links bergauf (**Wacholderwanderweg**, Wanderzeichen W). Nach 150 m zweigt der Wanderweg W links ab und führt uns als Wiesenweg über die kiefernbestandene Wacholderkuppe. Ohne große Höhenunterschiede geht es nun weiter durch den Wald, immer dem Wanderweg W folgend. Wir passieren die Höneberg-Schutzhütte (1.15 Std.), queren ein Wiesentälchen, halten uns direkt danach rechts, wandern am Rand einer Kuppe entlang, folgen dem allmählich breiter werdenden Pfad durch eine Linkskurve und überqueren das Kreissträßchen K 61.

Auf der anderen Seite gabelt sich der Weg, wir halten uns links, biegen gleich darauf rechts ab und besteigen den **Büschelsberg.** Dort halten wir uns auf einem Feldweg rechts, gleich darauf halbrechts, weiter dem Wacholderwanderweg folgend, der uns bald vom asphaltierten Weg den

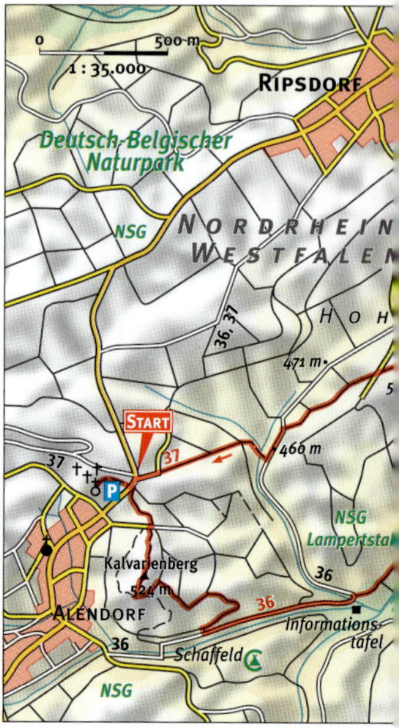

Berg hinaufleitet. Kurz bevor die **Kuppe** (1.45 Std.) ganz erklommen ist, stoßen wir auf einen Querweg: Hier biegen wir nach rechts . Am gegenüberliegenden Hang breitet sich das Dörfchen Ripsdorf aus.

Nach 400–500 m stoßen wir auf ein asphaltiertes Quersträßchen. Hier verlassen wir die Wegmarkierung W, biegen im stumpfen Winkel nach links ab und gleich darauf nach rechts auf den grasbewachsenen Wiesenweg. Vor den Hügel, auf dem Ripsdorf liegt, schiebt sich allmählich ein anderer Hügel. Wir wandern in

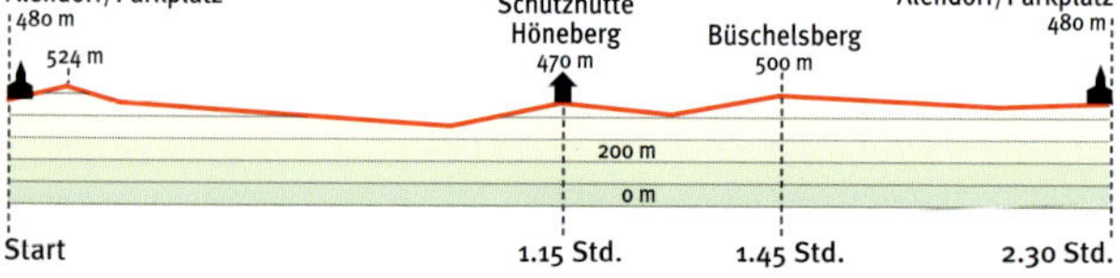

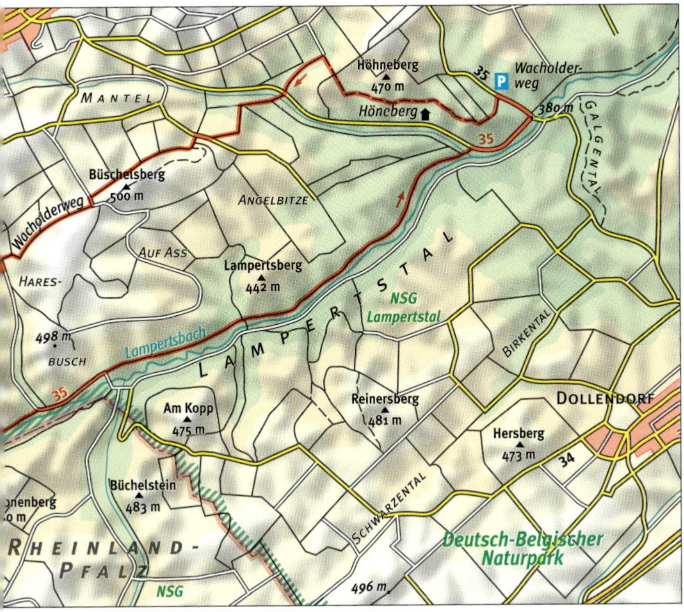

ein Quertal hinein. Am Waldrand, bei einem Weidezaun, gabelt sich der Weg, wir folgen dem Abzweig nach rechts in die Wiesen hinunter zu einem gut ausgebauten Wirtschaftsweg etwa 40 m weiter (2 Std.). Wir gehen hier links bis zu einem Jägerhochsitz und nehmen dort den undeutlich markierten Wiesenweg den Hügel hinauf, über Querwege hinweg auf die Wacholderkuppe oberhalb von Ripsdorf zu.

Wir überqueren ein Sträßchen und wenden uns beim nächsten Querweg nach links, bei der nächsten Gabelung wieder links und erreichen den Talboden. Wir halten auf die andere Talseite, auf einen Jägerhochsitz zu, und steigen den Hügel hoch. Bald breitet sich wieder Wacholder aus, und der Blick schweift weit übers Tal. Langsam nähern wir uns der baumgesäumten Straße von Ripsdorf nach **Alendorf.** Wir überqueren sie und erreichen die Kapelle St. Agatha und zu ihren Füßen den Parkplatz (2.30 Std.)

Verzaubertes Wäldchen am Wacholderwanderweg

Tour 27

Wasser und Brot

Von Blankenheim nach Nonnenbach und weiter über den Brotpfad
Nachdem man das geschäftige Blankenheim verlassen hat, geht es hinaus aufs Land. Ruhige Waldstrecken wechseln ab mit kleinen pittoresken Dörfern, deren sonntägliche Ruhe schon fast etwas Sprichwörtliches hat.

DIE WANDERUNG IN KÜRZE

+ Anspruch

4 Std. Gehzeit

16 km Länge

Charakter: Einfache Tour durch abwechslungsreiche Landschaft; weicher Waldboden wechselt mit kurzen Asphaltstrecken ab

Wanderkarte: WK 1:25 000 Blankenheim/Oberes Ahrtal im Deutsch-Belgischen Naturpark (WK 12 des Eifelvereins)

Einkehrmöglichkeiten: Im Waldcafé Maus bei Nonnenbach und in Blankenheim

Anfahrt: Mit dem **Auto:** Aus Richtung Köln über die A 1 bis Autobahnende Blankenheim, weiter die B 51 Richtung Trier nach Blankenheim; aus Richtung Aachen auf der B 258; Parken im Parkhaus am Weiher. Mit der **Bahn:** Bahnlinie Köln–Trier bis Blankenheim-Wald, von dort mit dem Anruf-Linien-Taxi bis Blankenheim Rathaus.

Vom Parkplatz in **Blankenheim** aus gehen wir Richtung Café und Hotel Stadtblick und biegen dort links in den Nonnenbacher Weg, der durch ein Wohngebiet bergauf führt. Beim letzten Haus zweigt links der »Brotpfad« ab, wir wandern aber weiter geradeaus, immer leicht bergan, auf der von Eichen überschatteten Allee.

Wir passieren das Ortsendeschild, überqueren eine Straßenkreuzung, kommen an Pferdekoppeln vorbei. Etwa 50 m weiter lässt sich mit Hilfe einer großen Tafel das Eifelpanorama bewundern: links der Aremberg, mit 623 m der zweithöchste Berg der Region, rechts daneben die Hohe Acht – mit 747 m die höchste Erhebung in

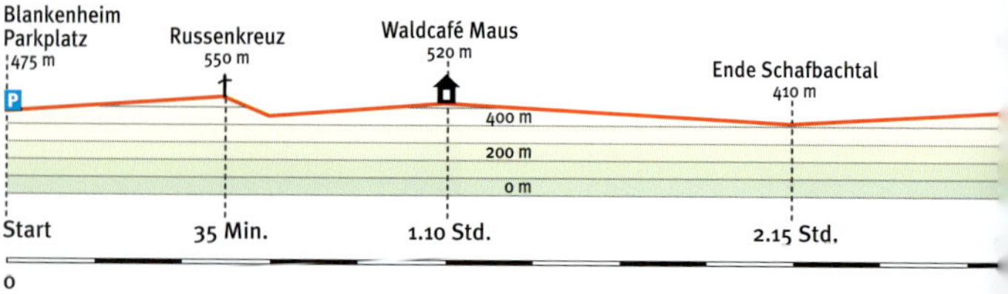

Auf einem Holzsteg geht es über den Nonnenbach

der Eifel überhaupt. Noch weiter rechts ist die Nürburg zu sehen.

Die malerische Allee endet hier, es geht weiter geradeaus bis zum **Nusshecker Hof**, unmittelbar dahinter biegen wir links ab und gehen, vorbei an einem Wohnhaus mit Panoramascheiben und einem Wochenendhäuschen unter einer alten Eiche, auf einem schmalen geschotterten Pfad leicht bergab, durch eine kleine, mit Eichen bestandene Senke, auf den Waldrand zu. An einer Weggabelung halten wir uns kurz rechts, dann nehmen wir links einen Pfad in den Wald hinein (Tiergartentunnelweg).

Wir bleiben im Wald immer geradeaus, treffen am Waldrand auf einen Grabhügel mit einem Steinkreuz, das sogenannte ›Russengrab‹. Über die Wegkreuzung (mit Schutzhütte) geht es geradeaus hinweg. In der folgenden Rechtskurve verlassen wir den Hauptweg und nehmen den schmalen Pfad, der weiter geradeaus tiefer in den Wald hinein führt, auch über den nächsten Querweg hinweg, nun mit dem Zeichen des Jakobspilgerweges. Schließlich treffen wir auf einen weiteren Waldweg und gehen hier links. Bald treten wir aus dem Wald hinaus und sehen vor uns das Örtchen Nonnenbach liegen.

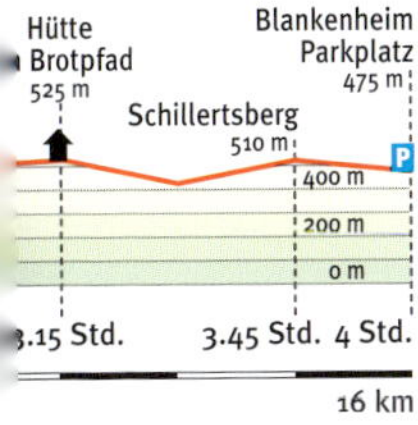

Wir gehen zur Fahrstraße, halten uns dort links und erreichen **Nonnenbach.** Bei einem Brunnen nehmen wir die Straße Auf der Lucht Richtung Ripsdorf und Ahrmühle und wandern aus dem Ort hinaus wieder durch Wäldchen und Wiesen zum beliebten **Waldcafé Maus** (1.10 Std.).

In der nächsten Linkskurve nach dem Café gehen wir geradeaus auf den asphaltierten Feldweg (JH). Bis nach Waldorf schweift der Blick über die sanft geschwungenen Kuppen. Wir bleiben auf unserem Asphaltsträßchen, bis wir wieder die Fahrstraße Blankenheim–Nonnenbach erreichen (1.30 Std.). Wir gehen rechts, weiter bergab. In einer scharfen Linkskehre verlassen wir die Straße wieder und gehen geradeaus weiter. Links erhebt sich der Stromberg, ein erloschener Vulkan.

Wir überqueren den Eichholzbach und wandern nun immer an ihm entlang bis **Ahrmühle.** Unmittelbar am Ortsbeginn nehmen wir einen Asphaltweg nach links, durchqueren das Dorf und halten auf die Straßenbrücke über den Eichholzbach zu. Direkt davor aber schwenken wir rechts auf den Feldweg nach Ripsdorf ein und folgen dem Bach weiter durch das enge grüne Tal.

Bei einem Bauernhof geht unser Weg wieder in ein Asphaltsträßchen über und mündet schließlich auf die Fahrstraße Ahrmühle–Ripsdorf. Wir überqueren den Schafbach und biegen gleich nach der Brücke rechts ab Richtung Ahrhütte und Dollendorf, wieder dem Bach folgend. Von oben mündet ein Fahrweg ein, wenige Schritte danach gabelt sich unser Weg: Hier biegen wir links ab (10, schwarzer Pfeil) und wenden uns vom Bach weg. Wir steigen auf bis zu einer ersten Kuppe mit Blick über das Schafbachtal und die ursprünglich anmutende Wald- und Heckenlandschaft. Rechts leicht zurück oben am Hang liegt Ripsdorf.

Wir wandern nun fast eben durch eine offene Wiesenlandschaft, bis wir ein niedriges Fichtenwäldchen erreichen. Hier gehen wir zunächst rechts, 50 m weiter halblinks in den Wald hinab (Wanderzeichen 6, 10 und schwarzer Pfeil). Bei der ersten Wegeinmündung bleiben wir noch geradeaus auf unserem Weg, bei der nächsten Einmündung geht es nach rechts über den Dreisbach, dann gleich wieder links, den Markierungen folgend. Linker Hand finden sich mehrere kleine Weiher.

Bei der Gabelung am Ende des Fichtenwaldes nehmen wir die halblinke Abzweigung und wandern auf schmalem Pfad in eine Brachfläche hinein. Unser Weg quert ein Bächlein und steigt durch eine Fichtenschonung stetig bergan. In einem Fichtenwäldchen treffen wir auf einen breiteren Fahrweg, dem wir geradeaus folgen (nicht links abbiegen). Buchen und Eichen mischen sich unter die Fichten, bald wandern wir, weiter geradeaus, durch lichten Laubwald bergab.

Wir passieren eine Hütte (3.15 Std.), treffen danach auf eine Lichtung und erfahren durch einen Wegweiser, dass wir uns wohl schon die ganze Zeit auf dem **Brotpfad** befinden. Wir überqueren die Kreuzung an der Lichtung geradeaus und biegen 20 m weiter links ab (auch Markierungen 6, 7, 10, und schwarzer Pfeil). Es geht weiter bergab, auf die Fahrstraße Blankenheim–Nonnenbach zu. Wir überqueren Straße und Nonnenbach und halten uns dann rechts. Bei einem freien Plätzchen gehen wir links, wieder bergauf. In einer weiten Kurve folgen wir links einem schmalen, ausgewaschenen

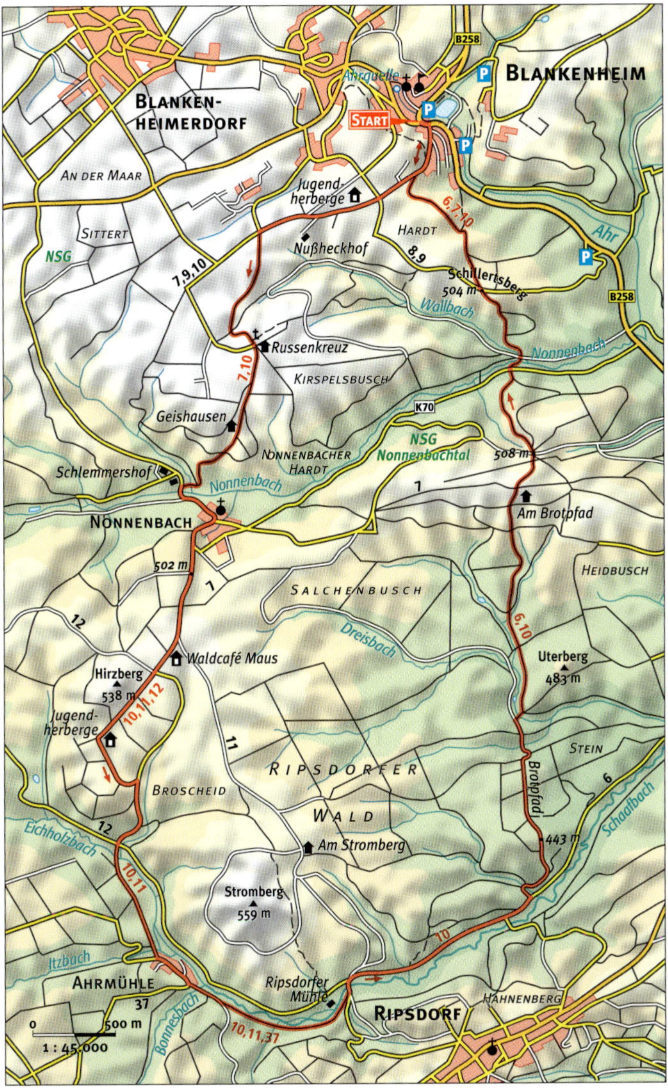

Pfad in den Hang hinein (schwarzer Pfeil, 6 und 10), zunächst ziemlich steil. Es geht erst durch den Wald, dann an einer Weide entlang, über ein Quersträßchen hinweg, geradewegs auf **Blankenheim** zu. Beim Ortsschild biegen wir rechts ab, wandern wieder durch die Einfamilienhaus-Idylle und erreichen wenig später und nach insgesamt 4 Std. Wanderzeit unseren Ausgangspunkt am **Parkplatz**.

Tour 28

Über die Hochfläche

Von Blankenheim-Wald nach Dahlem

Dass die Eifel nicht nur aus Hügeln und Tälern besteht, kann man eindrucksvoll auf dieser Tour erleben. Sie führt (fast) ohne große Höhenunterschiede über die Eifelhochfläche zwischen Blankenheimer Wald und Dahlem.

DIE WANDERUNG IN KÜRZE

+ Anspruch

3 Std. Gehzeit

13 km Länge

Charakter: Einfache Wanderung, stellenweise etwas unwegsam, weil feucht und durch Pferdehufe aufgewühlt

Wanderkarte: WK 1:25 000 Blankenheim/Oberes Ahrtal im Deutsch-Belgischen Naturpark (WK 12 des Eifelvereins)

Einkehrmöglichkeiten: In Schmittheim und in Dahlem

Anfahrt: Mit dem **Auto:** Über die Autobahn A1 bis Ausfahrt Blankenheim, dort auf die B51 bis Abfahrt Blankenheimer Wald/Bahnhof, parken in der Nähe des Bahnhofs. Mit der **Bahn:** Bahnlinie Köln–Trier bis Blankenheim-Wald.

Unsere Tour beginnt am **Bahnhof** von **Blankenheim-Wald.** Wir gehen zunächst in südwestlicher Richtung am Bahnhof vorbei und stoßen dort auf den Beginn des Wanderweges SM2. Auf diesem Weg, der parallel zu den Bahngleisen der Strecke Köln–Trier verläuft, bleiben wir jetzt immer geradeaus. Nach einer Brücke über die Bahn passieren wir einen Tümpel, aus dem graue, abgestorbene Äste ragen. Bald weitet sich das Tal zu einer offenen Wiesenlandschaft.

Eine kleine Brücke führt über einen Bach, gleich dahinter können wir die Bahngleise überqueren. Unser Weg entfernt sich vom Bach und schlängelt sich den Berg hinauf. Wir folgen nach wie vor bei allen Abzweigungen stets dem Wegzeichen SM2 auf dem deutlicher ausgefahre-

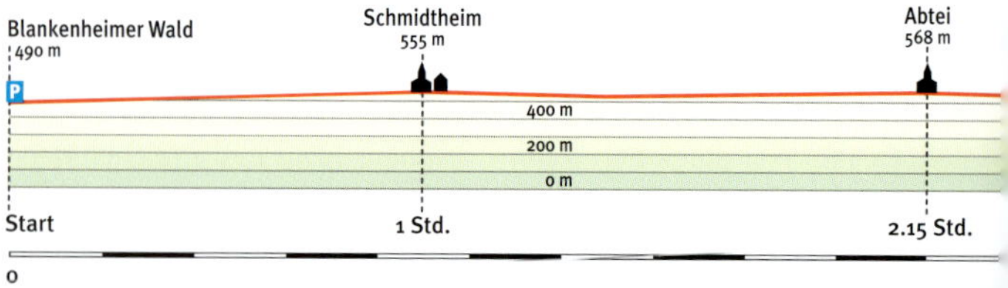

Zu Beginn der Tour begleiten uns Bahngleise

nen Landwirtschaftsweg. Es geht stetig leicht bergan, junge Nadelwaldareale wechseln mit offenen Wiesen. Der Weg ist holprig und stellenweise ausgewaschen. Bald haben wir eine Hochfläche erreicht, und wenig später sind schon die ersten Häuser von Schmidtheim zu sehen.

Wir erreichen einen asphaltierten Querweg und biegen rechts ab. An schönen Tagen brummen hier die Maschinen des nahen Sportflugplatzes durch die Luft. Unser Asphaltsträßchen biegt im rechten Winkel nach links und führt dann geradewegs auf **Schmidtheim** (1 Std.) zu. Kurz vor den Bahngleisen biegen wir links ab, eine Madonna in einer Grotte wacht über diese Kreuzung. Auf einem ausgewaschenen Fahrweg wandern wir weiter, immer dem Wegzeichen SM2 nach: an einer Wegekreuzung mit zwei Kreuzen in den zweiten Weg von links (Am Mühlenberg), an der nächsten Weggabelung rechts, an der Durchgangsstraße ebenfalls rechts und durch die Bahnunterführung.

Unmittelbar hinter der Bahnüberführung biegen wir links ab und folgen dem asphaltierten Weg den Berg hinauf. Auf dem steilen Bergsträßchen passieren wir zunächst die Pfarrkirche und dann das auffällige gelbe Gebäude, das uns schon von weitem entgegenleuchtete: **Schloss Schmidtheim,** das heute noch einen veritablen Grafen beheimatet. Hinter dem Schloss und der kurzen Allee biegen wir rechts ab, wieder leicht bergab. In der scharfen Rechtskurve halten wir uns geradeaus, gehen auf den Sportplatz zu und biegen an der Wegeinmündung unmittelbar davor halblinks ab. Von nun an folgen wir bis auf Weiteres der Wegmarkierung SM 3.

Bei den letzten Häusern biegen wir rechts auf einen Wirtschaftsweg

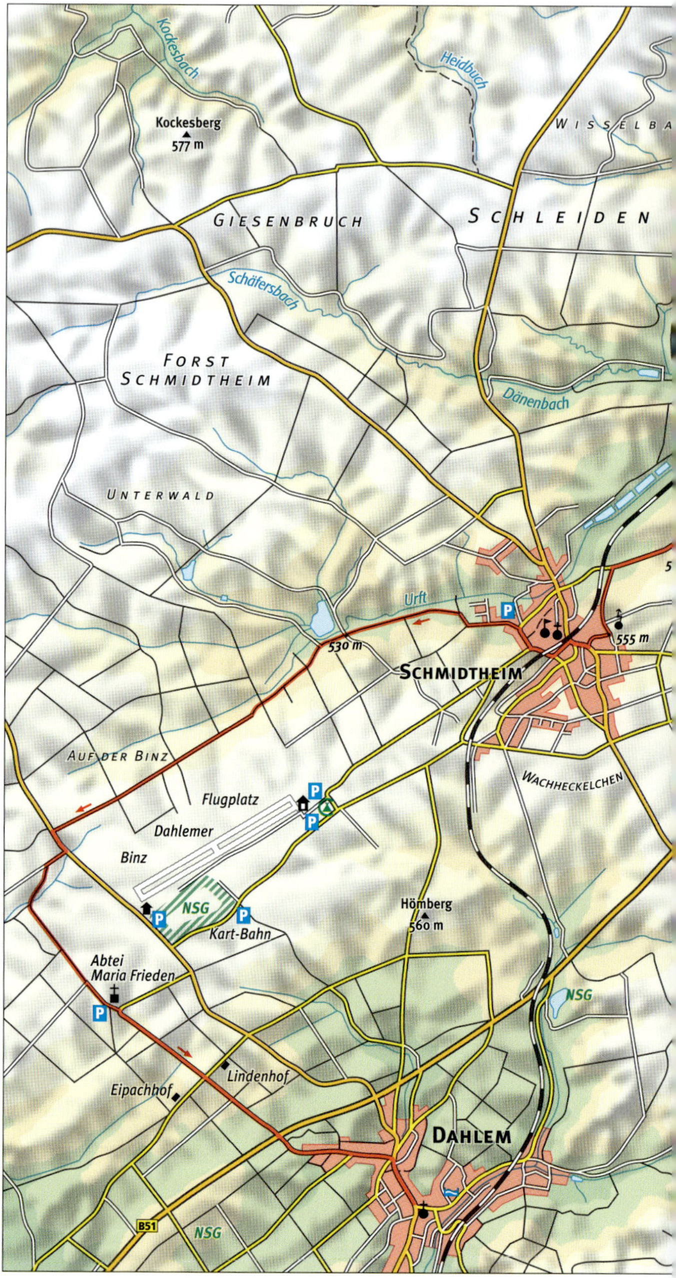

Kockesbach
Heidbach
Kockesberg
577 m
WISSELBA
GIESENBRUCH
SCHLEIDEN
Schäfersbach
FORST
SCHMIDTHEIM
Dänenbach
UNTERWALD
Urft
530 m
555 m
SCHMIDTHEIM
AUF DER BINZ
Flugplatz
Dahlemer
Binz
WACHHECKELCHEN
NSG
Kart-Bahn
Hömberg
560 m
Abtei
Maria Frieden
NSG
Lindenhof
Eipachhof
DAHLEM
B51
NSG

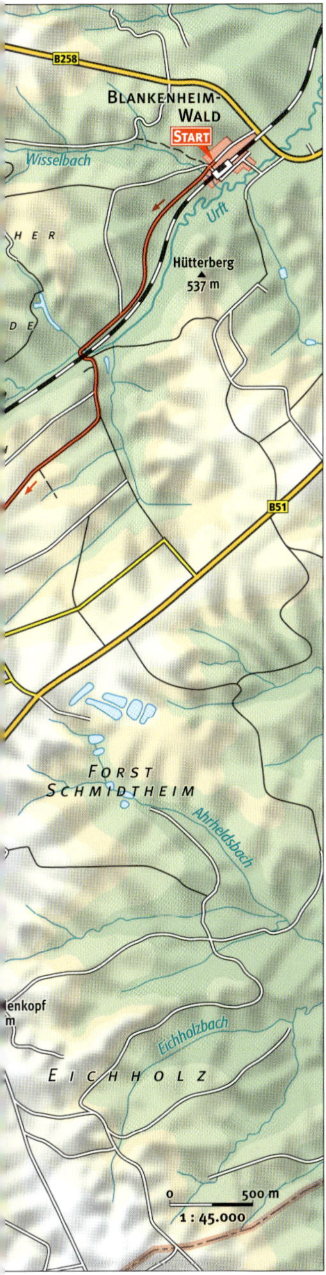

ab, der uns in offenes Wiesengelände führt. Wir passieren einen Aussiedlerhof auf einem Hügel, einen kleinen Fischweiher und ein Wäldchen. Bei einem größeren Weiher gehen wir geradeaus über eine Wegkreuzung und halten uns gleich darauf bei einer Gabelung links (SM 3). Wir befinden uns jetzt ganz in der Nähe des Sportflugplatzes Dahlemer Binz.

Wir wandern weiter geradeaus, teilweise auf schlechtem und undeutlichem Weg. Vor allem bei zwei kurz aufeinander folgenden Bachläufen muss man aufpassen: Der Weg führt links etwas versetzt weiter. Kurz hinter einer Forstschranke stoßen wir auf die Verbindungsstraße von Dahlem nach Udenbreth. Hier biegen wir nach links ab, halten uns für etwa 50 m parallel zur Straße und biegen bei der ersten Möglichkeit gleich wieder rechts ab in den Wald. Bei den beiden folgenden Abzweigungen halten wir uns links, ebenso bei einem Querweg, der durch eine Wegschranke abgesperrt ist (Wegnummern 1 und 6).

Ein übermannshoher Bretterzaun kündigt das **Kloster Maria Frieden** (2.15 Std.) an, an dem wir vorbeigehen. Nach der nächsten Kuppe tauchen bereits die ersten Häuser von **Dahlem** auf. Wir passieren zwei stattliche Aussiedlerhöfe und ein elektrisches Umspannwerk und erreichen den Ort durch eine Unterführung. Wir gehen bis zur Kölner Straße und biegen dort rechts ab Richtung Ortszentrum. Vor der Pfarrkirche gehen wir links, folgen an der nächsten Weggabelung der Bahnstraße halbrechts, über einen kleinen Bach und den Berg hinauf bis zum kleinen **Bahnhof** von Dahlem (3 Std.), von wo wir zurück nach Blankenheim-Wald fahren können.

Tour 29

Stetes Auf und Ab

Von der Erftquelle über Roderath nach Schönau

Eine Tour wie gemacht für einen sonnigen Sonntagmorgen, wenn in den kleinen Dörfern unterwegs feiertägliche Ruhe einkehrt. Viel freie Hochfläche belohnt den Wanderer mit weiten Blicken.

DIE WANDERUNG IN KÜRZE

++ Anspruch

4 Std. Gehzeit

18 km Länge

Charakter: Vielseitige Tour mit stetigen Auf- und Abstiegen auf unterschiedlichsten Wegen. Aufgrund der Länge erfordert die Wanderung ein gewisses Maß an Ausdauer.

Wanderkarte: WK 1:25 000 Nettersheim/Kall (WK 5 des Eifelvereins)

Einkehrmöglichkeiten: In Holzheim und Roderath

Anfahrt: Mit dem **Auto:** Über die Autobahn A1 bis Ausfahrt Nettersheim, dort Richtung Tondorf, unterwegs Beschilderung Holzmühlheim folgen. Am Kreisverkehr vor Holzmühlheim nach rechts in den Ort, gleich darauf linker Hand zum kleinen Parkplatz an der Erftquelle. Keine günstige Verbindung mit **Bus/Bahn.**

Die Tour beginnt am Parkplatz an der **Erftquelle** in **Holzmühlheim.** Wir überqueren die Wiese mit den Spielgeräten, gehen auf der Holzbrücke mit dem steinernen Löwen über die Erft, erreichen über ein paar Natursteinstufen die B 51 und nehmen auf der anderen Straßenseite den geteerten Weg, der von der Bundesstraße wegführt.

Er führt durch ein kleines Wiesental und über ein Bächlein zur Straße Holzmühlheim–Schönau. Wir gehen ein kurzes Stück neben ihr her nach rechts, biegen 30 m weiter wieder rechts ein, nach 10 m wieder links. 30 m weiter endet der Asphalt, rechts führt nun ein Waldweg von der Straße weg in einen Buchenwald hinauf, vorbei am Gelände eines Steinbruchs. Fast auf der Höhe der Kuppe stößt unser Waldweg auf einen breiteren Wirtschaftsweg, dem wir nach

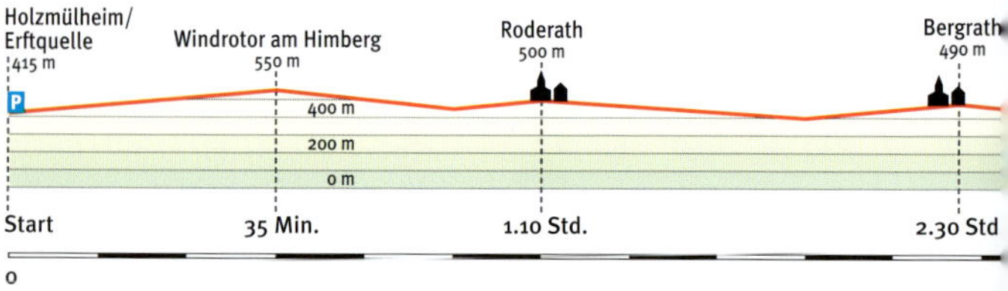

Immer wieder schweift der Blick über die freie Hochfläche

rechts über die Kuppe hinweg und am Sportplatz vorbei folgen, bis wir die ersten Häuser von **Frohngau** erreichen.

Wir schwenken in die Straße Frohngau–Roderath rechts ein und nehmen nach 30 m am Ortsendeschild einen Wirtschaftsweg nach links. Er führt an einem militärischen Sicherheitsbereich mit Fernmeldeturm vorbei und dann direkt auf den ersten Rotor der Windkraftanlage zu, der auf der Kuppe des Wimberges steht. Unmittelbar

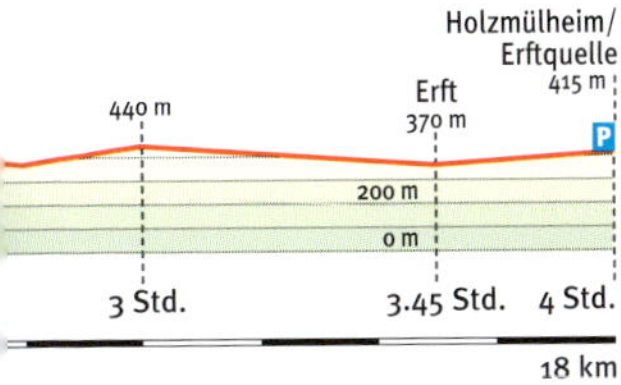

davor biegen wir rechts ab. Hier oben auf der Kuppe schweift der Blick weit über die benachbarten Höhenrücken.

Fast schnurgerade läuft unser Weg jetzt wieder auf eine Landstraße zu, die wir überqueren müssen. 15 m weiter gabelt sich unser Weg, wir halten uns rechts. Weiter geht es über die offene Feldflur. Kurz hinter einer Kuppe treffen wir auf einen kleinen Hochsitz und eine Sitzbank, ideal für eine Rast, dann tritt der Weg in ein Kiefernwäldchen ein. Wir wandern stets geradeaus weiter auf der deutlicher markierten Wegspur und ignorieren nach rechts oder links abzweigende Wege.

Nach einem kurzen Stück bergab beginnt der Weg allmählich wieder zu steigen. Junger Fichtenwald begleitet uns jetzt. An seinem Ende biegen rechts zwei Wege ab, wir

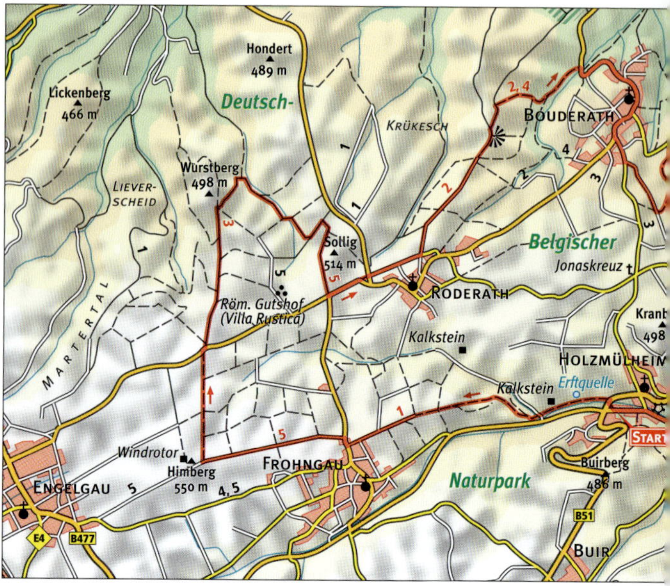

nehmen den zweiten, der am Rande eines Zaunes entlang ins Tal hinunterführt. Dort stoßen wir auf einen befahrbaren Wirtschaftsweg, dem wir rechts, wieder bergauf, folgen (1 Std.). Wir gehen an der ersten Gabelung geradeaus, halten uns bei einem Wege-T links und an der folgenden Verzweigung wieder rechts. Am Waldrand stoßen wir auf einen breiteren Querweg und gehen links auf eine Straße zu, nehmen aber 50 m davor einen schmalen Wiesenweg nach rechts. In einem leichten Rechtsbogen umrunden wir so die Kuppe des **Sollig.**

50 m weiter, an einer Wegverzeigung, halten wir uns links und folgen dem Weg entlang dem Weidezaun. Wir passieren ein Anwesen und stoßen kurz dahinter wieder auf die Landstraße. Auf ihr gehen wir kurz nach rechts und biegen dann links auf den asphaltierten Weg ein (Wegmarkierung JH). Wir befinden uns hier am Ortsrand von **Roderath** (1.20 Std.). Hinter einer kleineren Windkraftanlage gehen wir links mit sanftem Gefälle zu Tal. Abzweigungen nach links oder rechts ignorieren wir fürs Erste. Sobald der Asphalt aufhört, steigen wir langsam wieder bergan und erreichen die Kuppe einer kleinen Anhöhe; hier nehmen wir den rechten Weg, an dem auch der Hochsitz steht (1.30 Std.). Er führt uns an einer Wiese rechter Hand entlang. An ihrem Ende biegen wir rechts ab und gehen bergab. Im Tal treffen wir auf ein Sträßchen, das uns rechts nach **Bouderath** bringt (1.45 Std.). Wir folgen der Straße fast durch den ganzen Ort, bis linker Hand kurz vor dem Ortsende die Jonas-Kreuz-Straße abbiegt, hier gehen wir links. Am Ortsendeschild biegen wir nach links in den Feldweg, nach einem Gebüsch wieder-

um links in einen Wiesenweg. Zwischen und Wiesen und kleinen Buscharealen schlängelt sich der Weg auf halber Höhe am Hang entlang. Schließlich treffen wir auf einen asphaltierten Querweg, in den wir rechts abbiegen.

Es geht bergan. Nach etwa 400–500 m gehen wir an einer Wegkreuzung nach links, auf die ersten Häuser einer Ansiedlung zu. Auf der Wilhelmstraße wandern wir durch den Ort und überqueren erneut die B 51 Richtung Bergrath. Von hier oben bietet sich ein wunderbarer Blick über die Eifellandschaft, und nach der Kuppe kommt auch schon **Bergrath** in Sicht (2.30 Std.). Unmittelbar vor dem Ort tun sich dann überraschende Ausblicke auf: Nach links kann der weit Blick bis in die Kölner Bucht schweifen.

Im Ort folgen wir einem Quersträßchen nach rechts und gehen am Ortsende geradeaus auf dem steinigen Feldweg weiter. Er führt uns über eine Kuppe und senkt sich dann wieder deutlich zu Tal. Es geht durch ein Waldstück und durch Wiesen talwärts. Unser Weg endet an einem Querweg, ihm folgen wir nach rechts, weiter bergab.

Nach einem kleinen Waldstück treffen wir im Talboden auf ein asphaltiertes Quersträßchen, dem wir weiter nach rechts ins Tal hinein folgen. Nach etwa 500 m steigen wir nach links auf die steile Kuppe und biegen oben auf einen asphaltierten Querweg links ab, hinunter nach **Schönau.** Wir gehen durch den Ort bis zur Landstraße Holzmühlheim–Schönau und auf dieser ein Stück nach links. Dann biegen wir rechts ab auf die im spitzen Winkel abgehende Asphaltstraße.

Am Ende des Gebüschstreifens rechter Hand lassen wir den Wiesenweg unbeachtet, nehmen aber den nächsten, etwas breiteren und deutlicheren Weg nach rechts. Wir gehen über eine Brücke und folgen bei einer Abzweigung dem linken Weg. Er ist sehr schmal und stellenweise undeutlich, manche Stellen können auch etwas rutschig sein. Hinter einer kleinen Straßenbrücke über die noch junge Erft (3.45 Std.) trifft er wieder auf die Landstraße, die nach **Holzmühlheim** führt. Auf dieser Straße erreichen wir nach insgesamt 18 km und 4 Std. Gehzeit wieder unseren Ausgangspunkt.

Auf historischen Pfaden

Rund um Bad Münstereifel

Das kleine geschäftige Städtchen, das mit zahlreichen Sehenswürdigkeiten lockt, heben wir uns für den Abschluss dieser nicht sehr strapaziösen Tour auf, die uns auf die Hügel südlich des Ortes führt.

DIE WANDERUNG IN KÜRZE

+ Anspruch

2.30 Std. Gehzeit

10 km Länge

Charakter: Unkomplizierte Tour auf meist guten Wegen

Wanderkarte: WK 1:25 000 Bad Münstereifel (WK 7 des Eifelvereins)

Einkehrmöglichkeiten: In Bad Münstereifel

Anfahrt: Mit dem **Auto:** Autobahn A 1 bis Abfahrt Bad Münstereifel/Mechernich, dann Richtung Bad Münstereifel, durch den Ort hindurch, kurz vor dem Ortsende rechts Richtung B 51, rechter Hand mehrere Parkplätze. Mit der **Bahn:** Mit dem RegionalExpress bis Euskirchen, dort umsteigen nach Bad Münstereifel. Der Wanderweg führt direkt am Bahnhof vorbei.

Vom Parkplatz gehen wir durchs Orchheimer Tor ins historische Zentrum von **Bad Münstereifel.** Die Orchheimer Straße mit ihren vielen Fachwerkhäusern gehen wir bis zum Ende und halten uns dort halbrechts zum Markt. Gegenüber der Jesuitenkirche St. Donatus halten wir uns links, passieren das Rathaus und gehen links an der Stiftskirche vorbei ein paar Stufen hinab. Wir überqueren den Klosterplatz nach links, halten uns dann rechts und gehen auf der Straße Langenhecke nach rechts auf den Durchbruch durch die alte Stadtmauer zu, vorbei am historischen Haus Nr. 10. Im Hof daneben steht ein Mammutbaum, der hier allerdings nicht die gigantischen Höhen erreicht wie in der Neuen Welt. Linker Hand neben der evangelischen Kirche ein Haus aus gotischer Zeit. Unmittelbar vor dem Durchbruch biegen wir nach rechts, folgen dem Verlauf der alten Stadtmauer und verlassen das Zentrum durch das Werthertor.

Auf der Kölner Straße gehen wir am Bahnhof vorbei und dann auf der

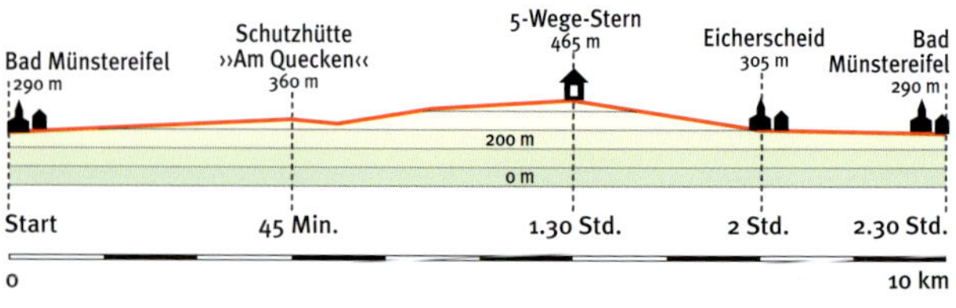

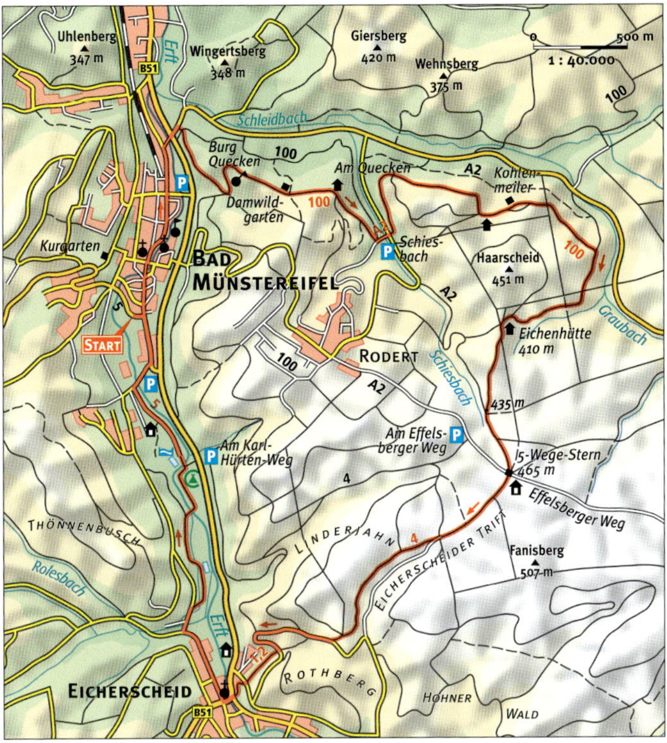

kleinen Brücke über die Erft. Nach der Unterführung biegen wir rechts ab Richtung Ringwall. In der ersten scharfen Linkskurve des Weges biegen wir rechts ab in einen Waldweg mit Schranke. Langsam gewinnen wir an Höhe und können auf Bad Münstereifel hinunterblicken. Wir überqueren ein (trockenes) Bachbett und biegen direkt danach links ab Richtung Damwildgarten. Wir folgen dem Hauptweg auf die Spitze eines kleinen Bergsporns zu und passieren das historische Ringwallsystem **Alte Burg.** Den links den Hang hinunterführenden Weg ignorieren wir, folgen aber etwa 20 m weiter rechts einem schmalen Pfad in den Wald hinein und halten uns bei der Gabelung links. So erreichen wir den Steinwall der Oberburg. Etwa am höchsten Punkt stoßen wir auf die eingezäunten Reste eines alten Rundturms (30 Min.).

Wir kehren zum Hauptweg zurück und steigen weiter im lichten Nadelholzwald mäßig bergan, links vorbei an der **Schutzhütte In den Quecken.** Bei der nächsten Forstschranke nehmen wir den geteerten Wirtschaftsweg nach links, der über einen Parkplatz zur Straße Bad Münstereifel–Rodert führt. Wir überqueren die Straße nach links und nehmen etwa 40 m weiter den Weg rechts in den Wald hinauf (Forstschranke; Markierung A3). Bei einem rekonstruierten **Holzkohlenmeiler** folgen wir dem

Hauptweg nach halblinks und umrunden die Kuppe des **Haarscheid.** Der Weg zieht sich durch den Buchenwald.

Infotafeln zu verschiedenen geologischen und botanischen Besonderheiten begleiten unseren Weg. Schließlich biegen wir an der **Eichenhütte** nach halblinks ab und folgen dann am Beginn einer kleinen Lichtung dem Forstlehrpfad (Markierung 100). Wir passieren zwei kleine Tümpel und betreten einen dichten Nadelwald. Wir bleiben auf dem Hauptweg, erreichen eine Kreuzung, halten uns links und gehen nun wieder im Buchenwald bis zu einem **Fünf-Wege-Stern** (1.30 Std.) bei einer Schutzhütte. Hier folgen wir dem zweiten Weg von rechts Richtung Eicherscheid. Auf diesem Weg, dem Eicherscheider Triftweg, trieben früher die Eicherscheider ihr Vieh in den Wald zur Weide.

Bei der nächsten Wegkreuzung folgen wir kurz dem asphaltierten Weg und biegen dann gleich wieder rechts in einen grasbewachsenen Waldweg ein (Markierung 4). Der alte Triftweg begleitet uns rechter Hand als Hohlweg und vereinigt sich schließlich mit unserem Weg. Auf den historischen Spuren ist das Gehen manchmal etwas mühselig, vor allem nach Regenfällen. Sobald der Weg etwas besser wird, stoßen wir auf einen Querweg und biegen halbrechts ab. Der Weg führt uns aus dem Wald hinaus, wo sich der Blick über das Tal von Eicherscheid öffnet. Vor uns halblinks auf der Kuppe liegt das Dörfchen Bergrath, Eicherscheid selbst sieht man nur teilweise.

An einer Weggabelung halten wir uns halblinks und passieren eine Forstschranke, 50 m weiter biegen wir rechts auf einen Feldweg ab (Wegmarkierungen 1, 2 und 4). Wir halten uns talwärts, folgen dann dem Wegweiser nach Eicherscheid nach links. In weiten Serpentinen schlängelt sich unser Weg den Berg hinunter. In der ersten Rechtskurve zweigt scharf rechts der Triftweg ab, der uns zu den ersten Häusern von **Eicherscheid** führt (2 Std.).

Wir folgen hier noch nicht dem Wegweiser nach Bad Münstereifel, sondern gehen links hinunter zur B 51. Hinter der Kapelle biegen wir nach rechts in die Kohlstraße, folgen ihr bis zum Ortsende und gehen dort über eine kleine Brücke auf den Irscheider Weg nach rechts (Richtung Bad Münstereifel). Nach etwa 150 Metern zweigt rechts Wanderweg 5 ab. Diesem Weg folgen wir nun hinunter zur Erftaue, überqueren den Fluss und wandern an seinem Ufer entlang. Nach einer weit ausholenden Rechtskurve gehen wir wieder zurück ans andere Ufer, passieren das Bad und erreichen schließlich **Bad Münstereifel** (2.30 Std.). Über den Sittardweg gelangen wir am Kreisverkehr auf die Trierer Straße und zum Parkplatz zurück.

Kelten, Römer und eine Motte

Zwischen Kreuzweingarten und Iversheim

Wir sammeln Kulturgüter auf dieser Tour: eine römische Kalkbrennerei und eine ebenfalls römischen Tempelanlage, eine keltische Wallanlage und schließlich eine mittelalterlichen Burg. Aber auch die Natur geizt hier nicht mit Reizen.

DIE WANDERUNG IN KÜRZE

++
Anspruch

4.30 Std.
Gehzeit

18 km
Länge

Charakter: Überwiegend einfache Wanderung auf meist guten Wegen und Pfaden. Der Abstieg vom Sportplatz in Kreuzweingarten ist etwas steiler und bei feuchtem Wetter rutschig.

Wanderkarte: WK 1:25 000 Bad Münstereifel (WK 7 des Eifelvereins)

Einkehrmöglichkeiten: In Iversheim und Kreuzweingarten sowie im Gasthaus an der Steinbachtalsperre

Anfahrt: Mit dem **Auto:** Auf der A1 bis zur Ausfahrt Wißkirchen/Kommern/Kall, dann Richtung Wißkirchen. In Wißkirchen rechts Richtung Bad Münstereifel/Billig, auf der Landstraße 7–8 km bis zur B 51. Hier rechts bis zur Einmündung links nach Iversheim und rechts zur römischen Kalkbrennerei. Parkplatz rechts hinter den Bahngleisen. Mit der **Bahn:** Regionalbahn bis Euskirchen. Von dort entweder mit einer weiteren Regionalbahn oder Bus 801 bis Iversheim bzw. Iversheim Bf/Mitte.

Vom **Parkplatz** bei **Iversheim** folgen wir der Straße bergauf und passieren kurz darauf rechts eine alte **römische Kalkbrennerei,** die direkt an den Bahngleisen liegt und nur zeitweise zur Besichtigung geöffnet ist. Schnell haben wir die Höhe der Kuppe erreicht und wandern durch die offene Feldflur. Nach etwa 500 m teilt sich unser Weg in drei Äste, hier halten wir uns ganz rechts. Wir gehen geradeaus auf die Landstraße zu, vorbei an den ersten Häusern des Örtchens **Kalkar,** und nehmen auf der anderen Straßenseite den Querweg nach links, den nächsten Weg kurz darauf nach rechts. Er führt uns an den Rand des Naturschutzgebietes **Kalkarer Moor/Arloffer Bruch** (30 Min.).

An der nächsten Wegkreuzung biegen wir links ab und wandern durch das Feuchtgebiet, in dem die Natur – ganz sich selbst überlassen – üppig wuchert. Wir passieren den **Broicher Hof,** biegen dahinter auf der Landstraße Antweiler–Kreuzweingarten nach links und nach etwa 100 m auf den Wiesenweg rechts den Hügel hinauf – die ersten Eifelhöhen. Der Weg führt in einen niedrigen Eichenwald und trifft auf den **Römerkanalwan-**

derweg, dem wir nach rechts folgen. Am Waldrand halten wir uns rechts und erreichen den Ortsrand von **Kreuzweingarten** (1.15 Std.).

In der ersten Rechtskurve nehmen wir die Querstraße nach links, gehen an der nächsten Weggabelung rechts zwischen den Neubauten hindurch zum Sportplatz und dort rechts weiter auf ein kleines Wäldchen zu. Im Wald biegen wir wieder links ab, nach wie vor auf dem Römerkanalwanderweg, der dem Verlauf der alten Wasserleitung folgt. Hier steht ein kleines restauriertes Gebäude, vielleicht ein ehemaliger römischer **Tempel,** vielleicht auch nur das Haus eines Aufsehers über die römische Wasserleitung. Im Volksmund heißt das Gebäude ›Heidentempel‹.

Wir steigen einen schmalen, oft rutschigen Pfad bergab zur B 51 und gehen nach Kreuzweingarten hinein. Im Ort nehmen wir die Hubertusstraße, überqueren den kleinen Bach und biegen kurz darauf nach rechts ab, vorbei an einzelnen Häusern bis zur Bahnlinie, dahinter rechts auf ein schmales Asphaltsträßchen. Nach ca. 200 m folgen wir links einem Pfad, der sich in engen, teilweise ausgewaschenen Kehren bis hinauf zum **Alten Burgberg** (1.30 Std.) windet, einem alten keltischen Ringwall.

Wir halten uns rechts und wandern durch das niedrige Eichenwäldchen. Bis auf die wallartigen Verwerfungen im Gelände weist hier nichts auf die keltische Vergangenheit hin. In einem weiten Linksbogen windet sich unser Pfad um die Kuppe des Berges und senkt sich dann. Wir überqueren zwei Wege, halten uns beim dritten Querweg links, an der nächsten Wegkreuzung dann rechts und 20 m weiter abermals links (Jakobsmuschel). Dann treten wir aus dem Wald heraus und erreichen die **Burgruine Hardtburg**

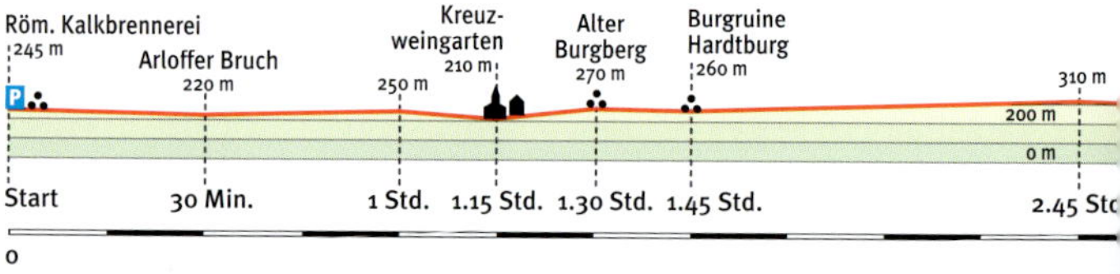

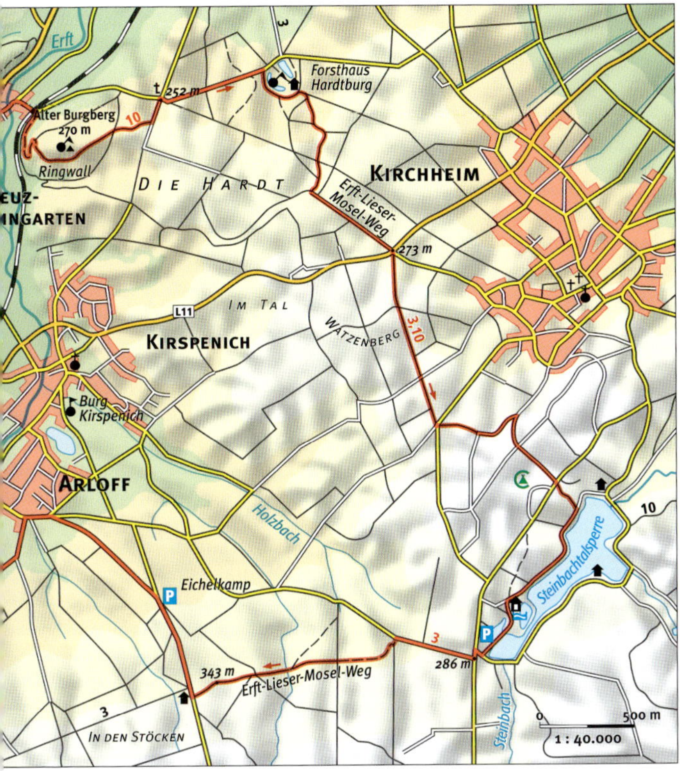

(1.45 Std.). Die Burg wurde einst durch einen Wassergraben geschützt, der Kern der Burg lässt sich noch erkennen und erkunden.

Wir gehen auf dem Rundweg weiter, immer wieder begleitet von Infotafeln über den mittelalterlichen Burgenbau und die Besonderheiten dieser Anlage. Etwa auf halber Strecke der Umrundung, auf der

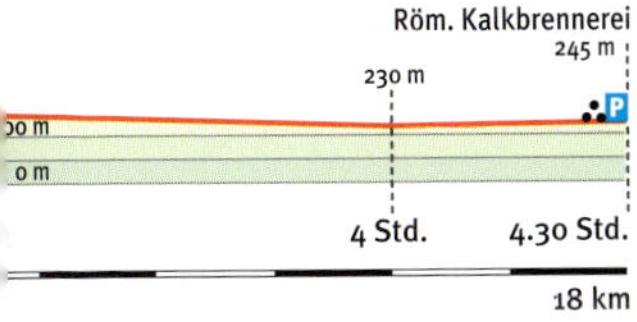

Südostseite, verlassen wir die Anlage und folgen dem Winkel des Eifelvereins nach rechts. Auf diesem Weg bleiben wir im Folgenden, bis wir am Waldrand links abbiegen (Markierung rot-weiß). Ein schnurgerades Asphaltsträßchen führt uns über die Landstraße L11 hinweg zu einem Baum, der als Naturdenkmal ausgewiesen ist. Wir gehen nun nicht hinunter nach Kirchheim, sondern nehmen den steinigen Weg, der rechts auf die Hügel hinaufführt.

Wir halten stets auf das einzeln stehende weiße Haus zu und biegen dort in die Straße An der Rasthecke ab. Sie führt an ein paar Häusern vorbei zum Sportplatz. Dort gehen wir rechts in die Nils-Bohr-Straße, passieren den Zeltlagerplatz Steintalsperre, überqueren eine Fahrstraße und erreichen über einen steinigen Pfad den Uferweg der **Steinbachtalsperre** (3 Std.). Hier wenden wir uns nach rechts. Wieder begegnet uns die Muschel, das Zeichen des Jakobspilgerweges.

Wir gehen bis zur Gaststätte und dort links. Bei der Einfahrt zum Waldfreibad stoßen wir auf die Talsperrenstraße und gleich darauf auf die Straße nach Bad Münstereifel/Arloff, in die wir rechts abbiegen. Wir gehen etwa 100 m die Straße entlang und biegen am Waldrand links ab, bei der Gabelung gleich darauf rechts und dann zügig geradeaus (Markierungen 12 und A1). Bei einer Blockhütte nehmen wir den Weg nach rechts und erreichen den **Parkplatz Eichenkamp.** Dann geht es links nach Arloff. Wir treffen auf die Straße zur Steinbachtalsperre und biegen nach links ein. Bei einem steinernen Kreuz geht es links, an der Wegverzweigung kurz darauf rechts, dann aber geradeaus auf einem asphaltierten Wirtschaftsweg.

Schließlich macht unser Weg eine scharfe 90-Grad-Kurve nach links, gleich darauf eine nach rechts, führt durch eine kleine Mulde und trifft im spitzen Winkel auf einen Querweg: hier rechts. Vor dem Tor einer Trinkwassergewinnungsanlage geht es wieder nach links, vorbei an einem hölzernen Bildstock, dann geradeaus auf das Örtchen **Iversheim** zu.

Wir gehen in den Ort hinein, nehmen den Dohlenweg nach rechts und gehen bald parallel zum Bach, den wir schließlich überqueren, ebenso die Durchgangsstraße, die uns zur B51 führt. Dort überqueren wir noch einmal Straße und Bahngleise und stehen wieder am **Parkplatz,** unserem Ausgangspunkt (4.30 Std.).

Wer mit Kindern unterwegs ist, wird sich an den Ruinen der Hardtburg sicher länger aufhalten

Am Rande des Vorgebirges

Von Rheinbach zu den ersten Eifelhöhen

Viele kleine Überraschungen bietet diese Wanderung: idyllisch im Wald gelegene Teiche, die spärlichen Ruinen einer alten Burg, ein ehemaliges Munitionsdepot und über allem ausgedehnte Buchenwälder.

DIE WANDERUNG IN KÜRZE

+ Anspruch

3.30 Std. Gehzeit

14 km Länge

Charakter: Abwechslungsreiche Wanderung auf guten Wanderwegen

Wanderkarte: WK 1:25 000 Rheinbach/Alfter (WK 6 des Eifelvereins) oder Topografische Karte 1:25 000 5307 (Rheinbach) und 5407 (Altenahr)

Einkehrmöglichkeiten: In Rheinbach.

Anfahrt: Mit dem **Auto:** Autobahn A 61 bis Rheinbach, weiter auf der B 266 Richtung Euskirchen/Rheinbach auf die Stadtumfahrung; hier der Beschilderung Freizeitpark/Schwimmbad folgen, dort Parkmöglichkeit. Mit der **Bahn:** Mit dem RegionalExpress, IC oder der RegionalBahn bis Bonn, von dort weiter mit der Regionalbahn bis Rheinbach. Vom Bahnhof ca. 1,2 km bis zum Parkplatz am Freizeitpark.

Vom Parkplatz am **Freizeitpark Rheinbach** aus gehen wir zunächst an einer Kaserneneinfahrt vorbei geradeaus in den Wald hinein. Nach etwa 20 m nehmen wir bei einer Wegkreuzung nicht den gut ausgebauten Weg nach rechts, sondern den gleich links davon. Kurz darauf erreichen wir eine weitere Kreuzung, auch hier gehen wir nicht geradeaus weiter, sondern auf dem Pfad links daneben leicht bergan. Und 30 m weiter biegen wir erneut links ab.

Von nun an geht es immer geradeaus, dem Wegzeichen A 8 folgend (es taucht erst nach der ersten Wegkreuzung auf), bis wir schließlich kurz hintereinander drei Holzstege queren; hier stoßen wir auf einen Querweg und gehen rechts. Wir überqueren den Stiefelsbach und halten uns links, vorbei an einem wunderschön im Wald gelegen Teich. Hier gehen wir links, am **Forsthaus** vorbei, zur Straße, die wir nach links versetzt überqueren. Hier beginnt ein Wanderweg (Nr. 7, Pfeil), der ganz in der Nähe des Waldrands bleibt. Wir überqueren schließlich im Bereich einer Wegkreuzung den **Kappelchensbach** und biegen dann der Markierung 2 folgend rechts ab tiefer in den Wald. Wir passieren einige **Fischteiche,** nehmen bei einer Gabelung in Höhe des zweiten Teiches den linken Weg (A 5), dem wir an einer Kreuzung nach rechts folgen und auf dem wir auch über einige Querwege hinweg bleiben, bis wir an einer Kreuzung links Richtung Tomburg (TBG) abbie-

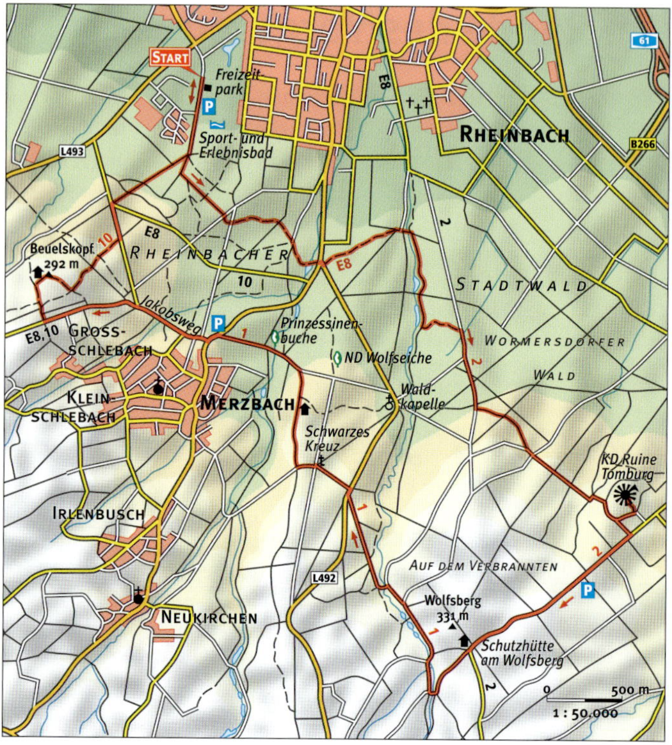

gen. Nach einem guten Stück geradeaus treffen wir auf die Markierung A 12. Sie führt uns durch eine kleine Senke und eine Linkskurve zu einer Wegkreuzung, bei der wir nach rechts abbiegen. Bei der gleich darauf folgenden Gabelung halten wir uns ebenfalls rechts. Wir befinden uns bereits am Fuß des Burghügels. Kurz darauf geht es links ab ins Naturschutzgebiet und hinauf zu den Ruinen der **Tomburg** (1.30 Std.). Auf gesicherten Pfaden lässt sich der Bergkegel mit dem Plateau und den Ruinen erkunden.

Wir gehen zurück bis zu dem Wirtschaftsweg, von dem wir vorher abgebogen sind, hier nach links weiter zu einem geteerten Fahrweg und rechts über den **Wanderparkplatz Kurtenbusch** weiter geradeaus. Wir passieren die **Schutzhütte am Wolfs-**

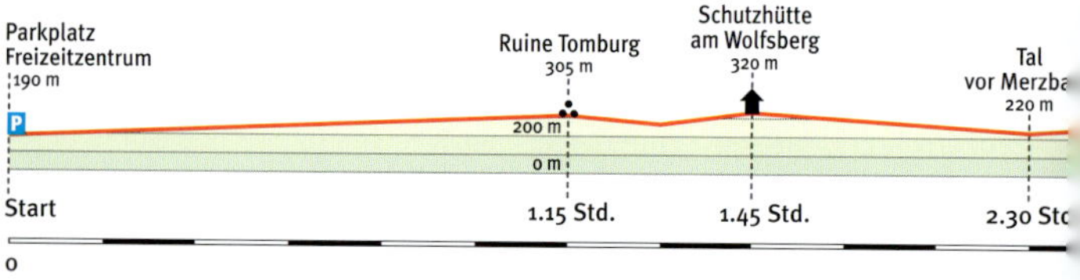

berg (1.45 Std.), überqueren in einer Wegkurve den Kapellchensbach und halten uns später rechts, wobei wir den Bach abermals queren.

Wir gehen an einer Reihe kleiner Teiche vorbei und halten uns am Ende des letzten Teiches, ab jetzt immer der Markierung 1 folgend, links, ebenso bei der nächsten Gabelung. Unser Weg verläuft jetzt geradeaus bis zur Straße. Wir überqueren diese nach rechts versetzt und gehen dort auf dem Wanderweg weiter. Es geht geradeaus über den Wegestern am Schwarzen Kreuz. Am Waldrand biegen wir rechts in einen Weg ein (Markierung 1). Wieder geht es geradeaus durch Wald und Wiese, linker Hand liegt das Dorf Merzbach. Der Weg wird schmaler, mündet dann aber auf ein asphaltiertes Sträßchen, das hinunter in das Tal des Stiefelbaches führt und schließlich an der Fahrstraße Wahlbach–Merzbach endet.

Wir folgen hier der Fahrstraße nach links und kurz darauf der Beschilderung Klein-Schlebach/Groß-Schlebach nach rechts, halten uns dann aber geradeaus am Waldrand entlang. Parallel zum Asphaltsträßchen verläuft wenige Meter im Wald ein Pfad, den man ebenfalls benutzen kann. Wir passieren den örtlichen Wasserhochbehälter und treten aus dem Wald heraus. Bei einer Bank unter einem Baum biegen wir rechts in einen Feldweg ein, wieder auf den Wald zu. Wir bleiben auf diesem Weg, auch über einen Querweg hinweg, bis uns verschiedene Zeichen des Eifel-

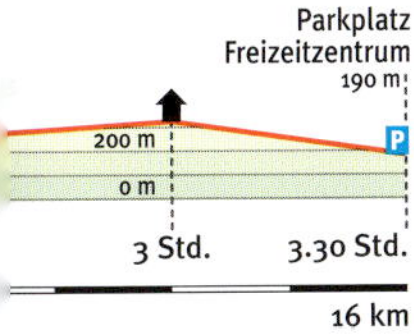

Schon von weitem sichtbar: die Ruine der Tomburg

vereins (Krönungsweg, Weg Nr. 7, A9 und A10) nach rechts locken. Sie führen in den Wald zur Hütte am **Beuelskopf** (3 Std.). Hier stand noch vor kurzem der **Wischeler Turm**, der aber abgebaut wurde, weil über die umgebenden Bäume keine freie Sicht mehr möglich war.

Weiter geht es vor der Hütte rechts auf unserem Pfad etwas tiefer in die Schonung hinein. Den abzweigenden Pfad in einer Linkskurve des Weges ignorieren wir. Es geht in den Hochwald hinein und erst bei dem Waldfahrweg mit der Markierung A9 biegen wir nach links ab. Bei der nächsten Kreuzung folgen wir dem Weg nach halbrechts. Er führt uns direkt durch das Gelände eines ehemaligen **Munitionslagers** der deutschen Wehrmacht. Es wurde gegen Ende des Zweiten Weltkrieges von britischen Truppen heftig bombardiert, aber Betonfundamente und ehemalige Zufahrten sind noch heute erkennbar. Es geht nun immer geradeaus, bis wir schließlich aus dem Wald heraustreten und wieder den Parkplatz am **Freizeitpark Rheinbach** erreichen (3.30 Std.).

Tour 33

Wunderwerk der Technik

Von Houverath zum Effelsberger Radioteleskop

Diese kurze Tour bietet eine Fülle von Sehenswürdigkeiten. Neben etlichen kleinen Kirchen und Kapellen erwarten uns eine alte keltische Wallanlage sowie eine Errungenschaft unseres Technikzeitalters: das zweitgrößte Radioteleskop der Welt bei Effelsberg.

DIE WANDERUNG IN KÜRZE

+ Anspruch

3 Std. Gehzeit

12 km Länge

Charakter: Einfache Wanderung auf Sträßchen, Wegen und steilen Pfaden

Wanderkarte: WK 1:25 000 Bad Münstereifel (WK 7 des Eifelvereins)

Einkehrmöglichkeiten: In Houverath und Kirchsahr

Anfahrt: Mit dem **Auto:** Ab Bad Münstereifel Richtung Effelsberg, nach etwa 8 km links ab Richtung Rheinbach bis zur Abzweigung nach Schuld, durch Scheuren hindurch bis Abzweig Houverath, im Ort rechts bis Ortsmitte und links in die Eichener Straße zum Parkplatz am Sportplatz. Mit der **Bahn:** Mit der RegionalBahn von Köln bis Euskirchen, weiter bis Bad Münstereifel, von dort mit dem Anruf-Linien-Taxi oder dem Bus bis Houverath/Limbacher Straße. Sonntags keine Verbindung!

Unsere Wanderung startet in **Houverath.** Vom Parkplatz am Sportplatz gehen wir auf dem Asphaltsträßchen bergab bis zum ersten Abzweig, dort biegen wir rechts in das Sträßchen Zur alten Kirche ein, auf dem wir nach kurzer Zeit die malerisch unter Bäumen gelegene spätgotische **Kapelle St. Thomas** erreichen.

Bei der Kapelle nehmen wir den Pfad, der hinunter zu den Wiesen und auf den Waldrand zuführt. Hier gehen wir rechts und halten auf ein Fahrsträßchen zu, biegen aber kurz davor auf den Weg Nr. 3 nach links ab. Bei der folgenden Weggabelung halten wir uns rechts und erreichen die Landstraße Lanzerath–Eichen.

Hier halten wir uns rechts und wandern auf der ersten Straße links nach Lanzerath hinein (Markierung 3). Bei der ersten Querstraße gehen wir links

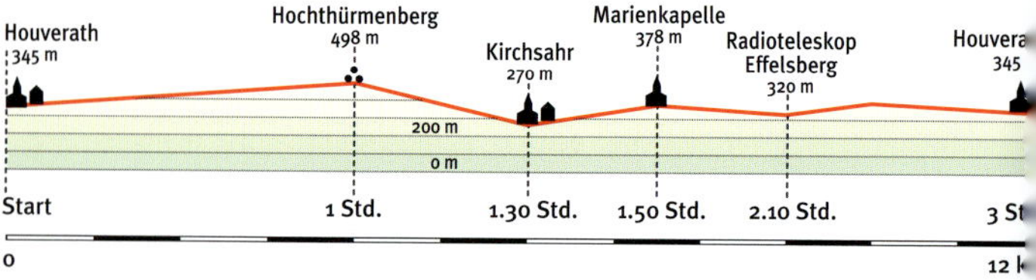

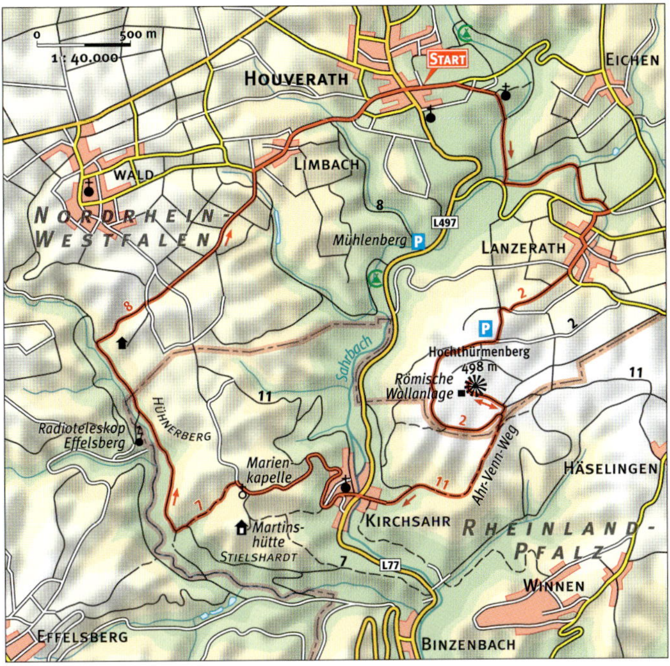

und biegen 20 m weiter der Hochthürmer Straße folgend nach rechts . Ihr folgen wir durch den Ort und nehmen an einer Weggabelung den Hochthürmen-Rundweg (Nr. 2) nach rechts bergauf. An der nächsten Weggabelung halten wir uns auf der linken Wegspur: Brombeerbüsche begleiten uns, und zum ersten Mal wird der Blick frei auf die Eifellandschaft.

Wir gehen an zwei Abzweigungen vorbei, bis unser Weg schließlich an einem Querweg endet, hier wenden wir uns nach rechts. Unterhalb sieht man die Kapelle von Houverath noch gerade über die Baumwipfel lugen. Wir folgen dem Weg Nr. 2 an der nächsten Wegkreuzung scharf links, wandern ein Stück durch den Wald, gehen beim nächsten Querweg rechts. 50 m weiter stehen wir an einem Wanderparkplatz mit Infotafel. Wir folgen dem Weg linker Hand, gekennzeichnet mit den Markierungen 2 und 9 des Eifelvereins, er führt uns jetzt in einen höheren Buchenwald hinein. Nachdem auf dem letzten Wegstück eine Wegkreuzung und Weggabelung die andere abgelöst hat, geht es nun für ein gutes Stück nur geradeaus, hier verwirren uns weder Abzweigungen noch Weggabelungen. In kaum merklichem Auf und Ab umrundet unser Weg in einem Bogen den Hochthürmenberg. Schließlich treffen wir doch auf zwei Abzweigungen: Den Weg rechter Hand ignorieren wir ebenso wie den wenige Schritte später zur Linken. Wir passieren (wiederum links) eine kleine Waldwiese. Rechter Hand zweigt kurz darauf spitzwinklig ein Weg bergab, diesen merken wir uns, wir werden gleich darauf zurückkommen, laufen jetzt aber erst einmal weiter geradeaus.

50 m weiter, kurz vor dem Waldrand, folgen wir einem steil bergauf führenden Pfad nach links (weiße Pfeile) auf ein Plateau. Hier erheben sich die Reste eines **Steinwalls** (1 Std.) aus Basaltsteinen, der in römischer, möglicherweise auch bereits in eisenzeitlicher Zeit als Verteidigungsanlage diente. Dem Hang vorgelagert finden sich mehrere Stufenwälle.

Wir steigen wieder ab, bis wir die vorhin erwähnte Wegabzweigung erreichen, und biegen links ab, den Berg hinunter. Wir folgen nun dem **Ahr-Venn-Weg** nach links und bleiben in einer Linkskurve kurz nach einer Lichtung auf dem deutlich erkennbaren Pfad geradeaus. Es geht stetig bergab, am Ende einer kurzen Hohlwegpassage bleiben wir auf dem Hauptweg, der uns direkt nach **Kirchsahr** (1.30 AStd.) führt. Wir gehen durch den Ort bis zur Durchgangsstraße, gehen nach links über die Brücke und dann zwischen zwei Wohnhäusern hindurch Richtung Kapelle Seeligen und Radioteleskop (Wegzeichen 6). Wir kommen auf eine Querstraße und können hier einen Abstecher rechts zum Kirchlein **St. Martin** machen, einem Bruchsteinbau von 1729/30. Der Weiterweg führt auf der Querstraße nach links und an der nächsten Straße rechts bergan, vorbei an den letzten Häuser des Ortes und an der nächsten Wegkreuzung links auf ein asphaltiertes Sträßchen. Es führt uns direkt zur malerisch unter einer Baumgruppe gelegenen **Marienkapelle** hinauf (1.50 Std.). Von hier aus schweift der Blick weit zum gegenüberliegenden Hochthürmen, nach Effelsberg und über die umliegenden Höhen.

Malerischer geht es kaum: die Marienkapelle

Wir wählen den Weg, der mit Blick zur Kapelle rechts hinunterführt, 50 m weiter folgen wir dem Weg, der links in den Wald hinunterführt. Kaum haben wir den Übergang von Laubwald in Nadelwald erreicht, treffen wir auf einen Querweg, dem wir nach rechts zum **Radioteleskop von Effelsberg** (2.10 Std.) folgen. Geradezu gigantisch wirkt diese Schüssel, wenn man zu ihren Füßen steht. Das zweitgrößte vollbewegliche Radioteleskop der Welt – der Parabolspiegel des Teleskops hat einen Durchmesser von 100 m – wird vom Max-Planck-Institut betrieben, um mit Hilfe aufgefangener Radiowellen Sterne und Galaxien im Weltall zu beobachten.

Der Weg senkt sich weiter ins Tal des Effelsberger Baches. Nach einem guten halben Kilometer zweigt rechts ein breiterer Pfad ab, markiert durch je einen Grenzstein links und rechts. Diesen wählen wir und gehen auf ihm steil bergauf, immer geradeaus, bis **Limbach.** Wir gehen bis zur Durchgangsstraße (Hubbelrather Straße) und auf ihr nach rechts aus dem Ort. Kurz darauf erreichen wir **Houverath.** Wir bleiben auf der Durchgangsstraße fast bis zum Ortsende, kreuzen die Eifeldomstraße und erreichen das Sträßchen, das zum **Sportplatz** führt, unserem Ausgangspunkt (3 Std.).

Ein markanter Geselle

Von Wershofen nach Aremberg

Von vielen Stellen der mittleren Eifel aus ist der Aremberg zu erkennen. Zusammen mit Hoher Acht und Nürburg gibt er dem Horizont mit seiner runden Basaltkuppe ein markantes Profil.

DIE WANDERUNG IN KÜRZE

++
Anspruch

5 Std.
Gehzeit

20 km
Länge

Charakter: Ausgedehnte Wanderung auf meist guten Wegen, allerdings auch mit Passagen durch unwegsames Gelände, die Kondition erfordern

Wanderkarte: Oberes Ahrtal (WK 11 des Eifelvereins 1:25 000)

Einkehrmöglichkeiten: In Wershofen, Aremberg, Eichenbach

Anfahrt: Mit dem **Auto:** A1 bis Autobahnende, an der Ausfahrt links (Richtung Gerolstein). Nach 4 km links Richtung Wershofen/Ohlenhard. In Wershofen der Hauptstraße bis zu einer scharfen Rechtskurve folgen, dort links in die Kottenborner Straße, 500 m bis zu einer Sitzgruppe (Parkmöglichkeit).

Wir gehen vom Parkplatz in Fahrtrichtung weiter, den Ort im Rücken, und nehmen den linken Wegabzweig. Mit der Kuppe des Aremberges zur Rechten führt unser Weg durch offenes Wiesengelände zur **Herz-Maria-Kapelle.** Von hier bietet sich ein wunderschönes Panorama auf die umliegenden Höhenzüge. Wir gehen weiter geradeaus bis zu einem geschotterten Querweg (Markierungen B, D, 2), dem wir nach links in den Wald folgen.

Bald stehen wir an einer Wegverzweigung und halten uns rechts bergab. 30 m weiter biegen wir abermals rechts ab, während die Markierung 2 links weiterführt. Der Weg führt nun im hohen Buchenwald in scharfen Kehren (im Anttal) abwärts. Nach der letzten Spitzkehre (nach links) wandern wir am Rand eines steil abfallenden Geländeeinschnittes weiter. In der nächsten Rechtskurve nehmen wir einen den Abzweig nach links, einen Waldweg, der sich mal mit mehr mal mit weniger Gefälle über eine längere Distanz abwärts schlängelt. Er mündet schließlich auf einen weiteren Weg, hier halten wir uns rechts, an der folgenden Weggabelung links und dann geradeaus zur Landstraße 74.

Auf der Straße gehen wir ein Stück nach links, über den Dreisbach, zur Kreuzung mit der Verbindungsstraße Bad Münstereifel–Blankenheim. Hier müssen wir – ohne Fußweg! – nach rechts durch **Laufenbacherhof** (1 Std.) hindurch und weiter bis **Fuchshofen.** Wir gehen links über die Ahr und in den Ort hinein. Gleich hinter der kleinen Kirche nehmen wir rechts den Lindenweg. Vorbei an den letzten Häusern geht es leicht bergab. Wir stoßen auf einen asphaltierten Weg mit der

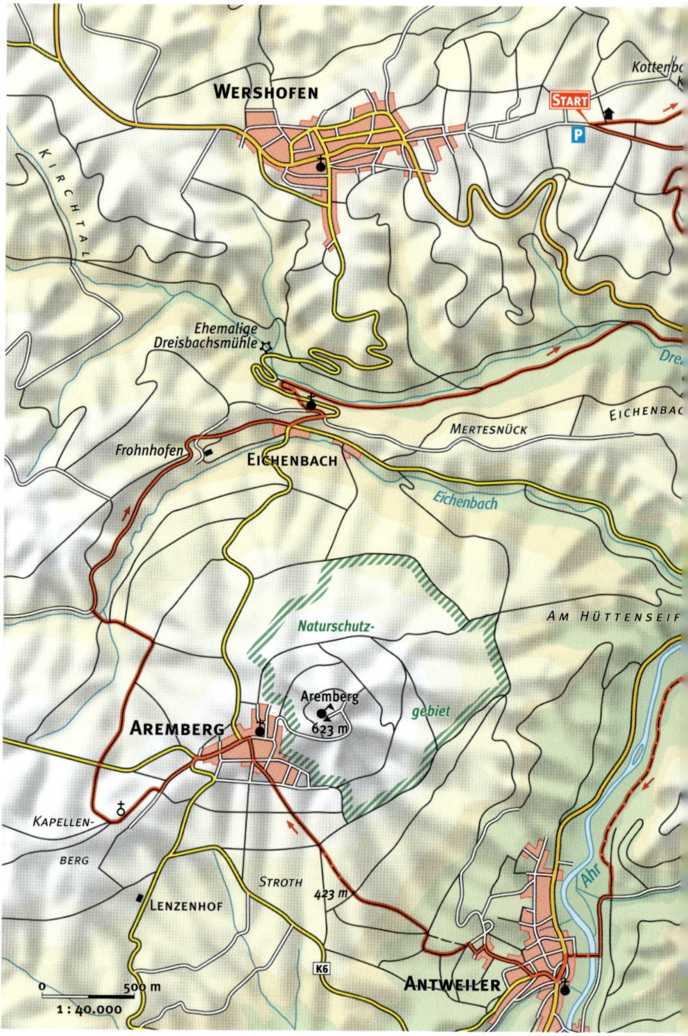

Wershofen
Kottenbo
Start
Kirchtal
Ehemalige Dreisbachsmühle
Frohnhofen
Eichenbach
Mertesnück
Eichenbac
Eichenbach
Am Hüttenseif
Naturschutz-gebiet
Aremberg 623 m
Aremberg
Kapellen-berg
Lenzenhof
Stroth
423 m
K6
Antweiler
Ahr
0 500 m
1 : 40.000

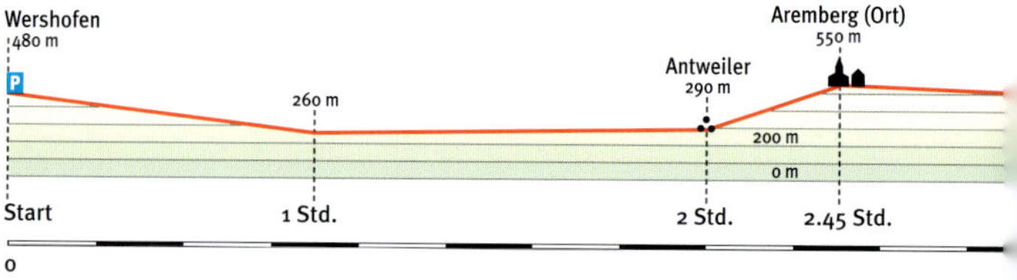

Wershofen 480 m
260 m
Antweiler 290 m
Aremberg (Ort) 550 m
200 m
0 m
Start
1 Std.
2 Std.
2.45 Std.
0

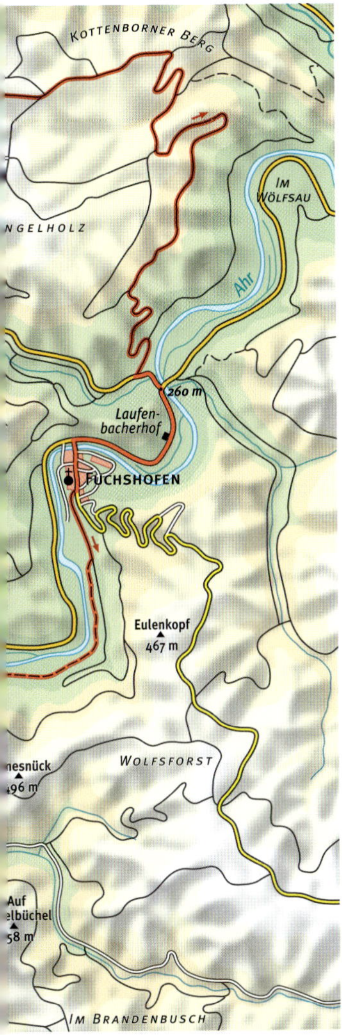

Markierung A (Ahrtalweg) des Eifelvereins. Auf diesem Weg, der ohne Verkehr parallel zur Ahr verläuft, bleiben wir nun für etwa 4 km. Zwischendurch hört der Asphalt auf, der Weg ist mit hellem Splitt befestigt.

Schließlich führt der Weg für etwa 20 m abwärts. Hier, etwa auf der Höhe der ersten Häuser von **Antweiler** (2 Std.) gehen wir an der Wegkreuzung rechts, durch eine kleine Bahnunterführung, etwas später auf einer schmalen Fußgängerbrücke über die Ahr. Auf der Durchgangsstraße gehen wir nach links und folgen der Straße bis zum Abzweig rechter Hand nach Aremberg.

Ein kurzes Stück folgen wir dem Straßenverlauf (Markierungen 2 und F), dann biegen wir rechts in den Eichenbacher Weg ab, später links in die Straße Alenseifen (Wegmarkierung Aremberg). Wir passieren die letzten Häuser und eine Kapelle, der Asphalt hört auf und der Weg führt nun relativ steil bergan. Am Waldrand halten wir uns bei der Wegverzweigung rechts, kurz darauf links, dann immer geradeaus, über den nächsten Querweg sowie einen Fünf-Wege-Stern hinweg. Linker Hand kann der Blick nun wieder weit in die Ferne schweifen. Bewaldete Kuppen wechseln sich ab mit Ackerflächen und weiten Wiesenarealen. Schließlich erreichen wir nach einem langen steilen Anstieg die Hauptstraße von **Aremberg** (2.45 Std.).

Abstecher: Nach rechts geht es auf den Aremberg, wo Mauerreste und ein re-

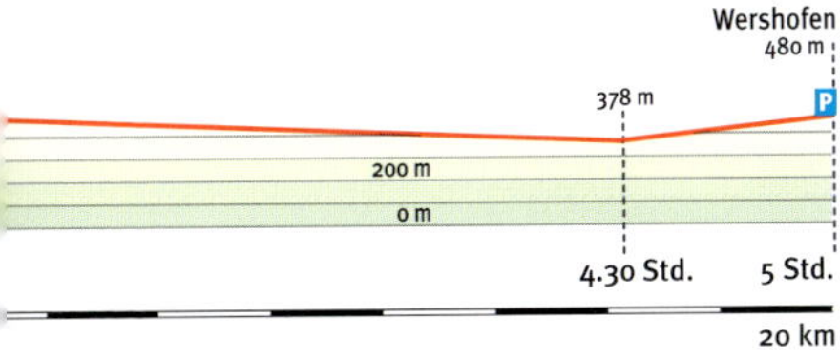

staurierter Turm von der einstigen Größe der spätmittelalterlichen **Festungsanlage Schloss Arenberg** zeugen.

Nach links geht es auf der Durchgangsstraße Richtung Antweiler. Am Ortsrand macht die Straße eine scharfe Linkskurve, hier wandern wir geradeaus weiter auf der mit Bäumen bestandenen Kapellenstraße zur **Schutzengelkapelle.** Beim Wegabzweig nach der Kapelle gehen wir rechts und erreichen die Kreisstraße 7, die wir überqueren. Wir gehen weiter geradeaus bis zur nächsten Wegkreuzung (Markierungen 2, 3) und biegen dort links ab, verlassen den Weg aber nach 200 m in einer scharfen Rechtskurve wieder und folgen dem schmaleren Weg geradeaus der sich tiefer in den Nadelwald schlängelt. Wir überqueren kurz hintereinander zwei Bächlein und nehmen dann einen befestigten Waldweg nach rechts.

Für einen guten Kilometer geht es nun fast eben durch den Wald. Hier liegt rechts die kleine Siedlung **Frohnhofen,** wenig später erreichen wir **Eichenbach** (Einkehrmöglichkeit). Noch bevor wir auf die Durchfahrtsstraße des Ortes stoßen, folgen wir links dem Sträßchen zu einem Wanderparkplatz unterhalb der Kirche und weiter zu einem Fünf-Wege-Stern. Wir entscheiden uns für den schmalen **Erft-Lieser-Mosel-Weg,** der unmittelbar vor dem kleinen Marienbildstock links in den Wald hineinführt (Nr. 5, schwarzer Pfeil). Er führt hinab zu einem Waldweg, in den wir links einschwenken, um nach 20–30 m rechts in den Pfad talwärts einzubiegen. Wir treffen wieder auf den breiten Waldweg, der in weiten Serpentinen talwärts führt.

Alternative: Hier, am Scheitelpunkt der Kurve, führt rechts ein schmaler Weg in den Wald, der an heißen Sonnentagen vorzuziehen ist. Für etwa 2 km führt er oberhalb des Dreisbaches durch den schattigen Laubwald. Am Ende geht es über eine schmale Brücke über den Bach, wo wir auf einen gut befestigten Wirtschaftsweg stoßen, hier rechts. Hier trifft man auf Wegvariante 2.

Etwas bequemer geht es auf dem gut befestigten, breiten Weg, der gleich darauf den Dreisbach überquert. Direkt dahinter hält man sich rechts und folgt dem Weg parallel zum Bach, bis man die Stelle erreicht, wo von rechts eine schmale Brücke über den Bach kommt (4.30 Std.). Hier vereinen sich die beiden Alternativen wieder.

Achtung: Etwa 800 m weiter weist auf der Höhe einer Bank die Markierung D an einem Baum nach links bergauf: Ein schmaler, erst vor kurzem wieder freigeräumter Pfad führt im Wald bergauf. 10 Minuten später schon stehen wir an der Straße nach Wershofen. Direkt gegenüber auf der anderen Straßenseite ist der Weg nur anfänglich bequemer, im oberen Teil ist der Untergrund lockerer und steiniger, am Ende versperren umgestürzte Bäume den Weg. Festes Schuhwerk ist hier eine große Hilfe. Man geht weglos in etwa gerader Richtung aufwärts (an den umgestürzten Bäumen rechts vorbei), hält sich kurz vor der Kuppe eher nach links, wo man durch die Bäume schon eine freie Wiesenfläche erahnen kann, und steigt dann bis zu ihrem Rand weiter bergauf bis zu einem Querweg, dort links.

Es geht aus dem Wald heraus, wir nehmen den zweiten Weg nach rechts, der auf die Kuppe und somit auf die freie Hochfläche führt. Hier oben treffen wir bei einer Bank auf einen schmalen Asphaltweg, der uns zu unserem Ausgangspunkt etwas außerhalb von **Wershofen** führt (5 Std.).

Fast alpine Ausblicke

Von Mayschoß zum Steinerberghaus

Vom lebhaften Mayschoß geht es zwischen Weinstöcken hinaus in die Ruhe und Einsamkeit des Waldes. Ziel der Wanderung ist das Steinerberghaus, eine an eine Alpenhütte erinnernde Gaststätte auf dem Steinerberg mit einer fantastischen Rundumsicht.

DIE WANDERUNG IN KÜRZE

+ Anspruch

3 Std. Gehzeit

11 km Länge

Charakter: Stetiger Aufstieg, zwischendurch ein paar flachere Passagen, auf Waldwegen und am Ende auf Pfaden, insgesamt gut zu gehen. Der Ausblick lohnt die kurze Mühe allemal.

Wanderkarte: WK 1:25 000 Das Ahrtal (WK 9 des Eifelvereins)

Einkehrmöglichkeiten: In Mayschoß, vorzugsweise aber im Steinerberghaus

Anfahrt: Mit dem **Auto:** Über die A 61 bzw. A 565 bis Kreuz Meckenheim, dann über die B 257 nach Altenahr. Dort Richtung Mayschoß, kurz vor dem Ortseingangsschild von Mayschoß rechts über die Ahrbrücke zum Bahnhof, dort Parkplatz. Mit der **Bahn:** Mit dem RegionalExpress bis Sinzig, weiter mit dem Bus Richtung Altenburg/Altenahr bis Mayschoß.

Die Tour beginnt am Bahnhof in **Mayschoß.** Den Bahnhof im Rücken verlassen wir den Parkplatz und gehen zwischen Weingärten auf die Eisenbahnbrücke zu. Rechter Hand liegt ein kleiner Campingplatz. Nach der Brücke gehen wir links Richtung Rech und Saffenburg. Zwischen Gebüschstreifen steigt der Weg allmählich an und gabelt sich nach 150 m bereits wieder. Diesmal wählen wir den rechten Abzweig und halten uns dann geradeaus (Wegmarkierungen 3 und 2).

Wenige Schritte später bietet sich nach einer Wegkreuzung ein Abstecher zur **Saffenburg** (30 Min.) auf einem Bergsporn hoch über dem Ort an. Von der alten Burg sind nur noch ein paar Grundmauern erhalten, doch der fantastische Blick über das Ahrtal entschädigt für den Aufstieg.

Zurück bei der Wegkreuzung halten wir uns links und wählen den bergauf führenden Weg, bei der Gabelung gleich darauf gehen wir links (Wegzeichen 3). Wir steigen bergauf in ein Seitental, das vom Ahrtal wegführt. Ein **Steinkreuz** erinnert an die Gründung der Bruderschaft des Apostels Matthias anno 1696.

Danach wir der Weg allmählich etwas flacher und bald erreichen wir wieder eine Wegkreuzung. Hier führen zwei Wege nach rechts zum Steigenberghaus, von diesen wählen wir den rechten. Er führt vorbei an einem hohen Schieferblock mit einem Gedenkkreuz (Wegmarkierung 1). Buchen, vereinzelt auch Eichen und Linden, spenden Schatten.

Bald führt der Weg über eine kleine Kuppe, fast eben geht es weiter. Bei einem weiß schimmernden Bildstock (**Flucht nach Ägypten,** 1 Std.) treffen wir auf einen Querweg und biegen links ab Richtung Steinerberghaus. In Serpentinen windet sich der Weg weiter den Berg hinauf. Er ist an vielen Stellen ausgewaschen und daher beschwerlich zu gehen. Wir kommen am **Antonius-Kreuz** vorbei, das neben den Resten eines mächtigen Baumriesen über den Weg wacht. Gleich darauf stehen wir an einer kleinen Waldlichtung, an der sich der Weg gabelt. Wir wählen den linken Abzweig und halten uns 20 m weiter bei auf einem Querweg wieder links. Mehrfach zweigen Wege in den Wald ab, diese lassen wir unbeachtet.

Nach einem kurzen Stück bergab lichtet sich das Eichenwäldchen und macht einem kleinen Nadelwald aus Fichten und Kiefern. Der Weg senkt sich und am tiefsten Punkt stoßen wir auf einen Querweg, den wir aber in beinah gerader Richtung überqueren. Wegmarkierungen zum Steinerberghaus, der Winkel des Eifelvereins und die 8 weisen uns hier den Weg. 10 m weiter gabelt sich der Weg erneut, wir wählen wieder einmal den links, bergwärts führenden Pfad. Wir erreichen schließlich ein querendes Asphaltsträßchen, das wir aber wiederum in gerader Linie überqueren, steigen noch einmal etwa 50 m weiter bergan. Jetzt tritt auch wieder Schiefer im Untergrund zutage. Schließlich lichtet sich der Wald, wir wandern nur noch 30 m durch niedriges Gebüsch und stehen unvermittelt auf der freien Hochfläche des **Steinerberges** (1.45 Std.). Die unvermeidlichen Richtfunkantennen sowie trigonometrische Messpunkte markieren hier den höchsten Punkt.

Von der Hochfläche gehen wir auf demselben Weg zurück: Wir überqueren das Asphaltsträßchen, wandern durch den Laubwald, zunächst gemächlich, dann etwas steiler bergab. Am Fuße des kleinen Hanges stoßen wir wieder auf einen Querweg, halten uns kurz nach rechts und an der gleich darauffolgenden Wegkreuzung links, dem Zeichen 8 folgend. Nadelwald macht allmählich Laubwald Platz und bald stehen wir an einer Wegkreuzung: Hier halten wir uns ganz rechts und folgen dem undeutlich mit Mayschoß markierten Weg.

Etwa 150 m weiter treffen wir wieder auf einen Querweg, diesmal halten wir uns links, knapp 150 m weiter, beim Querweg, der von der Antoniusruh herführt, ebenfalls links. An der nächsten Wegkreuzung folgen wir dem Winkelzeichen geradeaus, an der nächsten Weggabelung, wo sich ein wunderbarer Blick auf Mayschoß bietet, rechts. Auch an der nächsten Wegkreuzung halten

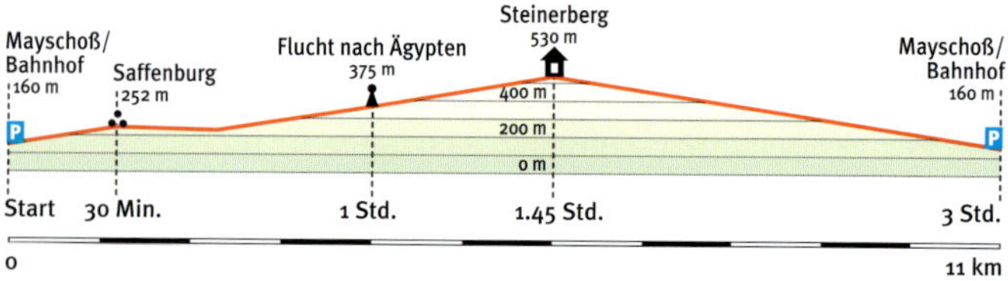

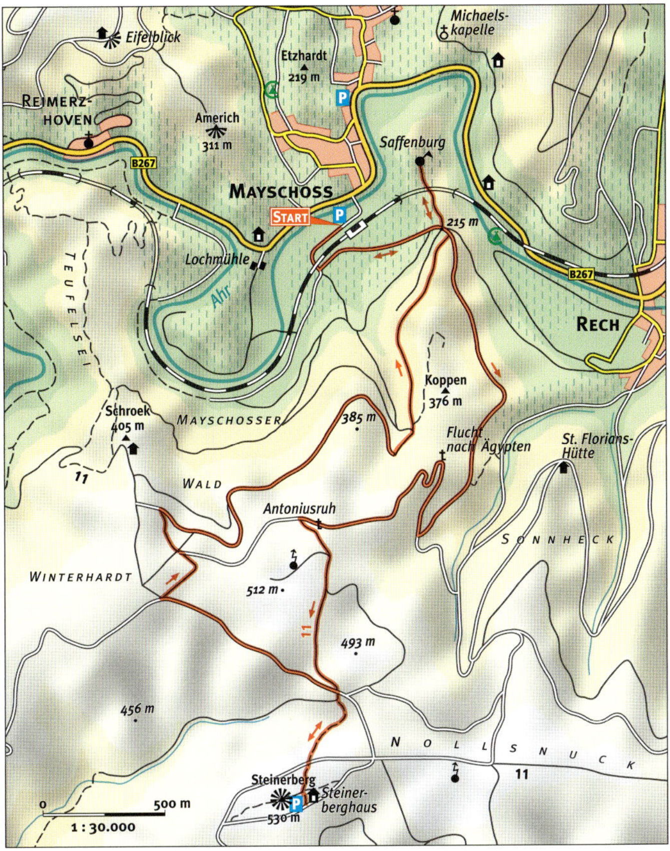

wir uns rechts. Das Wirrwarr der Wegkreuzungen und Abzweigungen hat vorübergehend ein Ende, fast ohne Abzweigungen laufen wir jetzt am Hang oberhalb der Ahr entlang, bis wir uns schließlich nach links talwärts wenden.

Schließlich stoßen wir wieder auf die Wegkreuzung unterhalb der Saffenburg, gehen links nach **Mayschoß** hinab und erreichen damit unseren Ausgangspunkt (3 Std.).

Register

Abenden 37
Ahekapelle 96
Ahrmühle 124
Ahr-Venn-Weg 146
Alendorf 116, 119, 121
Alter Burgberg 133
Anstois 73
Antonius-Kreuz 152
Antweiler 149
Aremberg 149
Arloffer Bruch 137
Auf Rött 112
Bad Münstereifel 134, 136
Baraque Michel 51, 55, 57
Barhaus 88
Bayehon 50
Bergheim 81
Bergrath 133
Beuelskopf 143
Blankenheim 122, 125
Blankenheim-Wald 126
Bleibergwerk Mechernich 81
Botrange 56
Bouderath 133
Brack-Venn 43
Brandenburger Tor 22, 25
Broicher Hof 137
Brotpfad 124
Brück 38
Burg Dalbenden 76
Burg Nideggen 35
Büschelsberg 120
Dahlem 129
Dreiborner Hochfläche 66, 67
Dreilägerbach-Talsperre 29, 33, 34
Dreisbach 150
Dürrer Berg 117
Eichenbach 150
Eicherscheid 136
Eiserfey 83
Erft 135
Erft-Lieser-Mosel-Weg 150
Erftquelle 130
Erlöserkapelle (Mirbach) 117, 118
Eschbach 47
Fagne de Polleur 58
Fischbachkapelle 57
Flucht nach Ägypten 152
Forsthaus Mariawald 72
Forsthaus Rott 30
Forsthaus Wenau 20
Friesenrath 31, 34
Frohngau 131
Frohnhofen 150
Fuchshöhle 89
Fuchshofen 147
Fuhrtsbach 59
Gasterbach 50
Gemünd 70, 73
Genfbach 96
Getzbach 43, 47
Goldberg 108
Gönnersdorf 113
Görresburg 93, 96
Großer Stern 60
Haarscheid 136
Hahnenberg 101
Hallenthaler Mühle 89
Hallschlag 108
Hardtburg 138
Hasselbachgraben 28, 33
Hermesberg 85
Herz-Maria-Kapelle 147
Hescheld 102
Hetzingen 38
Hill 52
Hochthürmenberg 145
Holzmühlheim 130, 133
Houverath 144
Hürtgen 22, 25
Hürtgenwald 33
Iversheim 137, 140
Joseph-Schramm-Weg 89
Jünkerath 111, 113
Kaiser Karls Bettstatt 41, 42
Kakushöhle 82, 86
Kalkar 137
Kall 74, 77
Kallmuth 86
Kalvarienberg 116
Kappelchensbach 141
Kartsteinhöhle s. Kakushöhle
Kermeterkreuz 72
Katzvey 80
Kirchsahr 146
Kitzenhaus 31, 34
Kloster Maria Frieden 129
Kloster Schwarzenbroich 18
Kloster Steinfeld 72
Kloster Wenau 20

Kradenhövel 102
Krebsbach 26, 27
Kreuzberg 102
Kreuz der Verlobten 57
Kreuzweingarten 138
Kronenburg 107, 110
Kronenburger Stausee 110
Kupferstraße 43
Kyll 107, 110
Lac de Eupen s. Wesertalsperre
Lampertstal 115, 119
Laufenbacherhof 147
Laufenburg 20
Les Potales 51
Limbach 146
Manscheider Bach 103
Marienkapelle 146
Marmagen 91
Matthiasweg 30
Mayschoß 151, 153
Mechernich 78, 81
Merode 19
Mirbach 114, 117
Mühlbach 37
Mühlenbach 63, 68
Mulartshütte 32
Mützenich 40, 43
Naturdenkmal Eusberg 114
Naturschutzgebiet Genfbachtal 96
Naturschutzgebiet Stolzenburg 76
Naturschutzgebiet Struffelt 30, 34
Nettersheim 87, 91, 92, 96
Neuhaus 106
Neur Lowé-Venn 48, 58
Nideggen 35, 36, 39
Nonnenbach 124
Nusshecker Hof 123
Oberreifferscheid 101
Olefer Kirchwald 73
Perlenbach 61
Perlenbacher Mühle 59, 61
Pferdekopf 77
Pilgerdenkmal 25
Radioteleskop von Effelsberg 146
Reifferscheid 100, 103
Reinesberg 115
Rescheid 104, 106
Rheinbach 141, 143
Rinnen 77
Roderath 132
Römerkanalwanderweg 75, 76, 80, 84 137
Rotenbüchel 43
Rott 30, 34
Rotter Wald 29
Rotterdell 34
Rur 37
Saffenburg 151
Sankt Johann Baptist 110
Schafbachmühle 98
Schafsbach 72
Scheuren 99
Schevenhütte 16, 21
Schleiden 97, 99
Schmidtheim 127
Schnorrenberg 106
Schönau 133
Schutzengelkapelle 150
Schutzhütte Bellesfort 46
Schutzhütte Katzensief 98
Sinziger Schneise 34
Sieberath 102
Signal de Botrange 52, 58
Sötenich 76
St. Agatha 116
St. Donatus 134
St. Martin 146
St. Thomas 144
Steinbachtalsperre 140
Steinley-Venn 42
Steinrütsch 93
Taubkyll 108
Tomburg 142
Unterschömbach 94
Urfey 86
Urft 72, 75, 88, 91, 92, 93
Veybach 87
Vichtbach 32
Vieux Chêne 50
Vollerbach 32
Vollem 86
Vussem 84
Wacholderwanderweg 120
Wahlerscheid 62, 64
Waldcafé Maus 124
Wehebach, Roter 24, 25
Wehebach, Weißer 24, 25
Wehebachtalsperre 24
Wenau 20
Wershofen 147, 150
Wesertalsperre 44, 47
Weyer 85
Wildenburg 103
Willy-Bordus-Weg 102
Wolfgarten 72
Wolfsberg 142
Wüstebach 68
Zingscheid 103

Abbildungsnachweis

Kartografie: DuMont Reisekartografie, Puchheim

Fotografen:
Titelbild: Klammet/Bildverlag Dr. Bahnmüller, Geretsried
alle anderen Fotos von Hans-Joachim Schneider, Köln

Bedanken möchte ich mich bei allen Lesern, die mir mit ihren Leserbriefen zu Änderungen bei den Wegverläufen geholfen haben, das Buch auf dem neuesten Stand zu halten. Mein besonderer Dank gilt Herrn Dr. Hans-Joachim Spors vom Nationalparkforstamt Eifel für die ausführliche Beratung und die Hinweise bezüglich der Wegeplanänderungen im Nationalpark.

Impressum

Titelbild: Heimbach an der Rur, Bildverlag Dr. Bahnmüller, Geretsried

Über den Autor: Hans-Joachim Schneider, geb. 1953 im Hunsrück, studierte Diplom-Pädagogik, lebt seit 1973 in Köln und arbeitet als freier Lektor und Autor.

2. Auflage 2007

Grafisches Konzept: Groschwitz, Hamburg
Druck: Rasch, Bramsche
Buchbinderische Verarbeitung: Bramscher Buchbinder Betriebe